潤《ルン》日《リィー》

日本へ大脱出する中国人富裕層を追う

舛友雄大
Takehiro Masutomo

東洋経済新報社

目次 * 潤《ルン》日《リイー》

プロローグ

第１章　世界の現象としての潤

第2章　タワマンに住む人々

第3章　新お受験戦争

第4章　引退組企業家安住の地

第5章　独自のエコシステム

第6章　地方という開拓地（フロンティア）

第7章　焦燥する中間層

第8章　リベラル派知識人大集結

第9章　抗議者、小粉紅、支黒、大外宣

エピローグ

突然やってきた彼女の死、そして火葬に至るまで東奔西走する日々の中で、私という個体の全関心が否応なく中国へと向かった。強烈な好奇心に突き動かされるようにして、来る日も来る日もとにかく中国人に会いまくった。

そう、彼女は死んだ後でも、私を突き動かす原動力となった。私が失いかけていた中国に対する関心はこれまでになく高まっていった。

プロローグ

2023年8月30日昼過ぎ　東京都八王子市

かすかに見覚えのあるＪＲ西八王子駅の駅舎を飛び出て、事前に電車内で開いておいたGoogleマップを頼りに最短距離で路地を突き進む。角を曲がると、お目当てのアパートが視界に入ってきた。簡素な外観だ。

エントランスに足を踏み入れるも、オートロックなので部外者の私はこの先には入れない。まもなく入居者らしき男性が折よく階下にやってきたのはラッキーだった。扉の開いているうちに潜入し、勾配のきつい階段を3階まで一気に駆け上がる。３０９号室の呼び鈴を押してみたが反応がない。何度鳴らしても同じだ。

「やはり何かが起きたんだろうな」と悟った。

さっきすれ違った男性が近づいてくる。よく見るとやや不精な見た目だ。それは隣の部屋の住人だった。1週間ほど前に、この部屋の住人で私の友人の王懿《ワンイー》氏——愛称はAkid——が担架のようなもので運ばれていったという。どこかで無事でいるということだろうか。
1、1、0、と自分のスマホの液晶を叩いて電話をかけた。なぜだろう、反応がない。間をおいて再度かけるもつながらず、3回目でようやくつながった。事の詳細を警察官に伝えると、すぐにこちらへ向かうとのことだった。廊下の向こう側には、真夏らしい青空と分厚い雲が広がっていた。今年の終わりなき暑さが、否が応でも不安な心を掻き立てた。
Akidと共通の友人から、彼女のX（旧Twitter）の更新が1週間以上前の8月22日で止まっており彼女と連絡がとれないと聞いたのは、1時間半ほど前。迷うことなくオフィスを飛び出し、JR御茶ノ水駅から中央線で急行したのだった。

アパートの渡り廊下から外を見渡していると、自転車に乗った警察官が近づいてきた。部屋の前に辿り着くやいなや、彼が「王さん！」と呼びながら部屋のドアを何度も強めにドンドンとノックする。そうしているうちに、その警察官は同僚とトランシーバーのようなもので通話を始めた。何かが起こっていることを警察は把握しているようだった。

彼女は今いったいどうなっているのか？　問い詰めても、警察官は何も明かしてくれなかった。無事なのかどうかさえもだ。ただ、数日前に部屋から運び出されたということが警察内で共有されているということは言外に伝わってきた。

それからまもなくだった。8月30日午後4時43分。メッセージアプリTelegramでAkidの別の友人が呟いた。

「学校の先生が亡くなったと言っている」

彼女の死後に襲いかかったネットリンチ

遡ること約半年。寒さの和らぎつつあった3月10日の午後、私はAkidと西八王子駅で待ち合わせた。改札を出てすぐのところで待っていた彼女をひと目見て何より驚いたのは、その痩せっぷりだった。頬がひどくこけているのだ。前回北京で会ったときのような溌剌《はつらつ》さがない。別人と言ってもいいほどの変わりっぷりだった。骨と皮だけになった小さな彼女の体軀には、薄ピンク色のウインドブレーカーがのっかっていた。

周辺にはおしゃれなカフェもなく、駅を出てすぐのチェーン店で話をすることにした。まずカウンターでドリンクをそれぞれオーダー。あまりにいたたまれないので、「奢るから、何か食べる?」と申し出ても、首を縦に振らない。彼女はこういうときは決まって申し出を断る。ある意味で強情なところがある。よく言えば、自分なりの原則がある人間だった。

それどころか、彼女は北京で最も有名な伝統菓子屋「稲香村《ダオシャンツン》」のスナックを渡してきた。どこで手に入れたのかわからないが、長らく中国で最も貧しい省と言われた貴州《きしゅう》省で育った彼女の、都市住民には稀有《けう》な気配りなのかもしれない。

そのころの私はというと、以前住んでいた中国への興味はほとんどなくなってしまっていた。ひと昔前まであった社会の躍動感が失われ、なんとなくつまらない国だと感じるようになったのだった。むしろ、投稿記事やＮＨＫラジオで頼まれる解説、まもなく始める予定のポッドキャストも全て近年関心を持つようになった東南アジアが中心になっていた。Akidと話す中国語も錆《さ》びついてるほどだった。

店内にWi-Fiがないか探していると、Akidが「ここにあるよ」と壁に貼られたＱＲコードを指差した。痩せ細ったその手のか弱さが痛々しかった。前年の10月に日本へ「潤《ルン》」してきたのだという。

「潤」は、最近中国で流行っている言葉で、さまざまな理由からより良い暮らしを求めて中国を脱出する人々を指す。もともと「儲ける」という意味だが、中国語のローマ字表記であるピンインでRunと書くことから、英語の「run（逃げる）」とダブルミーニングになっている。脱出方法を学ぶという意味の「潤学《ルンシュエ》」も人口《じんこう》に膾炙《かいしゃ》するようになった。

彼女とはもともと私が２０１０年から２０１４年まで住んでいた北京で出会った。具体的にいつどの場でというのは覚えていない。北京のメディア関係者による「圏子《サークル》」は狭く、リベラル系の人たちとはほとんどお互い知り合いだった。日本とは感覚が違って、円卓の中華テーブルで、知らない人と気軽に知り合うことができ、すぐに友達になるのが常だった。

多くの中国人アッパーミドル層が日本に「潤」してきているという話になった。経営・管理ビザで来日して起業し、しっかり税金を払っている、そしてメディア関係者で「潤」してくる人も多い、そういうことをそのとき初めて知った。

Akidの定義では、中国でユニクロの店舗がないところは田舎だ。東京でも彼女が移り住んできたこの辺りはその条件を満たさず、それどころか彼女が中国でよく通っていたというスタバすらない。

向かいに座るAkidは今後を思い悩んでいた。日本語学校を卒業した後で何をするか。そもそも、アルバイトをするにも体が万全ではない。マクドナルドでバイトも今は無理だねと笑い合った。どうやって仕事を見つけるか案じていた。私としては正直難しいだろうなと心の中で思っていたが、口には出せなかった。

そんな風にあの春先の日に語り合った彼女がこの世を去った。彼女の死自体も衝撃的だったが、それよりずっと心を砕いたのは、死後、彼女がネットリンチに遭ったことだった。日本に行った裏切り者が孤独で非業の死を遂げた、ざまあみろというニュアンスで伝わり、彼女に対する憎悪を中国のネット民たちが我が先にと煽った。X（旧Twitter）上では死のあとも何カ月にもわたって、ずっと彼女へ罵詈雑言《ばりぞうごん》が向けられていた。

「バカ」

「くそったれ」

「出て行け」

「餓死するほどの自由」

「漢奸《かんかん》売国奴」

「潤日の民主主義信奉者はいい死に方をしない」

「お前が愛する日本は、お前を犬のように寝室に捨てて死なせた。お前のような者に相応しい結末だ」

「よく死んでくれた。シャンパンを開けよう」

「中国の土地を汚さないでくれてありがとう」

もっと卑猥《ひわい》な言葉もあったし、わざわざ彼女が好きだった焼鴨《シャオヤー》（アヒルのロースト）など食べ物の写真を添えて嫌味なメッセージを送っているものまであった。

習近平体制の強化で、中国で愛国ムードが高まっているのはぼんやりと認識していたが、正直ここまでとは思わなかった。彼女の死がきっかけで、それまでぼんやりと気にかかっていた「潤」の人々や中国の今について深く考えるようになった。

いったい何が彼ら彼女らに祖国を去る決心をさせたのか？

どういう中国人が日本に来ているのか？

なぜ他でなく日本なのか？

日本で日々何を思いながら暮らしているのだろう？

次々と湧いてくるそんな疑問に答えるための長い旅が始まった。その旅路の行く末には、普通に暮らす日本人には想像がつかないような、多様で複雑な中国世界が私たちの周りで広がっていた。

第1章　世界の現象としての潤

2024年5月25日早朝　千葉県成田市

成田空港第1ターミナル北ウイング。Fアイランドのカウンター近くで、私は空っぽのスーツケースを片手に乗客を装いつつ、慌ただしく行き交う旅行客をじっくり観察していた。さまざまな国籍の観光客やビジネスパーソンが来るべきフライトに心躍らせているように見える。

ハキハキとした口調のフライト情報のアナウンスメント以外にも、早足で移動する乗客の足音、スーツケースが床と擦れる摩擦音といった雑音が絶え間なく鳴り響く。

メキシコ最大の航空会社アエロメヒコ航空が運航するメキシコシティ行きのチェックイ

ンが始まった。搭乗者の中には、見るからにメキシコ人ではなく、かといって日本人ぽくもない外見の人がちらほらいた。並んでいたある女性に中国語で挨拶すると、こちらの言葉をわかった様子で、やはり中国人だった。

搭乗手続きがひと段落したタイミングを狙って、アエロメヒコ航空の背が高めのメキシコ人男性スタッフに英語で尋ねてみた。

──中国人が多いみたいですね？

はい、全体の約10％くらいです。日本人より多いですよ。

──なぜこんなに多いんでしょうか？

さあ、わかりません。

──必要書類の不備といったトラブルが多いみたいですね？

そうなんです。メキシコのイミグレ側から質問がたくさんくるんです。だんだん厳しくなっています。

彼の回答は、自動チェックイン機付近で忙しく乗客を捌《さば》いていた別の日本人女性スタッフがつい先ほど教えてくれたことと合致する。中国人搭乗者は英語が話せないことがままあり手続きに時間がかかりがちで、メキシコシティに着いてから日本に送還されるケースすらあると彼女は教えてくれた。

日本でメキシコ行の直行便は成田空港からほぼ毎日2便あるのみ。アエロメヒコが9時35分発で、16時30分発の便は全日空の運航だ。

ただ全日空はアエロメヒコと違って、同時に複数の便のチェックインを行うので、中国人を見つけるのは針穴に糸を通すようなものだ。時間だけが過ぎていく。

そのときだった。自動チェックイン機でチケットの発行に苦戦している40代くらいの中年男性が目に留まった。日本人スタッフとの会話に苦労しているようだったので、私が通訳役を買って出た。そのついでに、どこに行くのかを聞いてみると案の定「墨西哥城《メキシコシティ》」と言うではないか。

結局、その中国人男性は有人カウンターに案内され、30分以上かけてようやくチェックインを終えた。「視察でメキシコに行く」と話すその男性によると、メキシコでの宿泊がたった2泊であることが怪しまれ、急遽3泊分延ばしてようやくことなきを得たのだという。

東京発メキシコ行の便になぜここまで中国人が多いのか？
そして、なぜ中国人はメキシコをスムーズに訪ねにくくなっているのか？
これらの謎を解くには、「潤《ルン》」の世界的な潮流を知っておく必要がある。

シンガポールに殺到する中国人

振り返ってみると、私は2022年6月には「潤」と言える人に会っていた。昔住んだことがあり慣れ親しんだシンガポールでのことだ。この東南アジアに浮かぶ島国は、中国では冗談半分で「坡県《ポーシェン》」とも言われる。「坡」はシンガポールの中国語表記である新加坡に由来し、「県」は中国で2番目に小さい行政単位、つまりそれだけ小国だということを意味する。

その男性は、私が北京に本部を置く経済メディアに勤務していたときに仲の良かった40代の元同僚だ。その彼がシンガポールに移住してきたことは聞いていた。とりあえず、地元で有名なシンガポール料理店「松発《ソンファー》」で久しぶりの再会を果たした。

相変わらずの丸坊主で、容貌はお月様のよう。看板商品の肉骨茶《バクテー》はかつて福建から移ってきた苦力《クーリー》が精をつけるために食べたことで知られる。まずはその大蒜《にんにく》と胡椒《こしょう》のたっぷり効いたスープに浮かんだスペアリブでお腹を満たした。それからクーラーが効き過ぎるほど効き冷蔵庫のようになった商業施設の中を潜り抜け、スタバでじっくりと話すことにした。

「中国で暗号資産が禁止された。だから俺の勤めている会社そのものがシンガポールに引っ越してきたんだ」

２０１０年代初頭から中国では暗号資産ブームが起こった。海外への資本移動が規制されており、国民は自由に外貨建て資産を保有することが難しいため人気になった。ただし、中国政府はその後、金融システムに対する影響を懸念し、暗号資産の取引やマイニングを禁止した。彼も２０２１年の12月に北京からシンガポールへ脱出した。

「中国には帰りたくない。シンガポールは華人が４分の３ほどを占めていて親近感があった。ただ、シンガポールにずっと住むかどうかまでは決めていない。オーストラリアに再移住することも選択肢にある」

元同僚は、中国経済の将来がどれだけ暗澹《あんたん》たるものかを力説した。確かに、コロナ禍を通じて、世界の中国に対する見方はより一層厳しさを増し、中国経済についても悲観論が出てきはじめていたころだった。それにしても、最近まで中国で暮らしていた人の生の声は格別の真実味があった。

「香港から銀行業務が移ってきてるし、金融機関のボスたちも不安だから資産を移したりしているよね。香港に入るのも隔離が必要になったりしたし。もちろん政治的な不安定さもある」

そんなシンガポールでは、富豪ランキングで中国新移民の企業家が躍進するようになってきていた。2022年の『フォーブス』誌のランキングでは、深圳邁瑞《マイルイ》生物医療電子の共同創業者、李西廷《リーシーティン》氏（71才）が資産約176億ドルで国内トップに躍り出たほか、中国では知らない人がいないほど有名な高級火鍋チェーン、海底撈《ハイディーラオ》の創業者、張勇《チャンヨン》氏（51才）が6位となるなど、トップ10のうち4人が中国出身者となった。

中国人がシンガポールに来ていきなり起業できるわけではないが、大手企業の駐在員としてシンガポールに来て、それから成長目覚ましい東南アジア市場をターゲットに「アジア企業」として起業するパターンが見られるようになってきた。暗号資産以外にも、教育やゲーム、フィンテックなど中国国内で締め付けられている業界でシンガポールが「避難港」と見なされるようになってきた。

中国から人が流入してきているのはシンガポールにおける企業の増え方からわかる、とこの元同僚は解説してくれた。実際、2022年にシンガポールで中国人が登録した法人は7312社で、前年比で47%と大幅にアップした。不動産価格が上がっていることや、自動車価格が上がっているのは中国新移民のせいだ、と彼はその時点ですでに看破していた。

「中国からヒトやカネがくるから、シンガポールはあと5年は安泰だろうね」とも話す。

シンガポールは送り出し国別の移民数を公表していないので詳細は不明だ。シンガポール労働省（ＭＯＭ）で勤務する知人ですら「わからない」の一点張り。

だが、さまざまな理由によって中国からシンガポールに人が移ってきている。それには、上海などの大都市で厳しいコロナ対策が敷かれたことや、逆にシンガポールがコロナをうまく乗り越えたこと、そして中国政治・経済への不透明感なども含まれる。２０２０年の「香港国家安全維持法」（以下、国安法）施行以降に人口流失が加速する香港からも、香港人や海外駐在者が同じ金融ハブのシンガポールに移ったり、移民を計画したりするケースが増えた。

こうした動きと呼応するように、リー・シェンロン首相（当時）は２０２2年5月に国際会議に参加した際、移民について語る文脈で、

「この地域の数十億の人々が（シンガポールにやってくるために）行列を作るかもしれません」

と言及していた。

シンガポールと中国の二国間関係は比較的安定している。そういう意味では、この元同僚のような、今後も引き続きビジネスでひと稼ぎしたい人にとっては打ってつけの移住先

だ。さらに、彼から言わせると、

「紅二代（中国共産党幹部の子弟）も安心して移ってこられる」

シンガポールは特別「親中」ではないものの、しばしば反中暴動なども起こる周辺国と比べると安全というイメージが中国人の間では根強い。食文化も似ており、さらにアジアトップレベルの名門大学があるなど教育環境が良いことも魅力的に映る。

同時に、中国からシンガポールへのカネの流入も目立つようになってきている。シンガポール地場銀行で働いたことがあり、今はアセットマネジメント会社に勤めるシンガポール人の友人が「潤」してくる中国人にとって、シンガポールは「銀行」のようなものと言っていたが、まさにその通りという気がする。

アセットマネジメントの分野で、香港からシンガポールへ資金が流入しているということはよく知られる。それに加えて、中国大陸からも同国へお金の流入が起きている。その証が、シンガポールで急増する「ファミリーオフィス」だ。ファミリーオフィスとは、富裕層の一族向けに資産承継、金融や法律、税務、ビジネスまで幅広いサービスを提供するビジネスを指す。

２０２２年には、中国人が現地のシンガポール人をざわつかせるような不動産の「爆買い」が相次いだ。中国人バイヤーが高級コンドミニアム20部屋分を８５００万シンガポールドル（約84億円）で一挙に購入したことが話題になったほか、マリーナベイを臨む高層ビル群に屹立する摩天楼「16コリアー・キー（旧日立タワー）」を中国の投資会社が10億シンガポールドル（約990億円）ものキャッシュで購入することが報じられた。ある「グッドクラスバンガローズ（GCB）」と呼ばれる高級戸建て住宅が中国人に月20万シンガポールドル（約1980万円）で貸し出されたという話も議論を呼んだ。

さらに翌2023年には、シンガポールで史上最大規模のマネーロンダリングが発覚した。有罪判決を受けた10人および逃走中の17人は、その多くが他国のパスポートを持つ中国出身者だった。例えば、主犯格でキプロス国籍の蘇海金は逮捕前まで家賃8万シンガポールドル（約884万円）のGCBで暮らしており、最終的にロールスロイスやフェラーリといった高級車を含む資産約1億6500万シンガポールドル（約192億円）分が没収された。

「シンガポールで捕まったあの人たちは打工《ダーゴン》（アルバイト）にすぎない」

日本在住で数年前に日本のある地方都市に移住してきた中国人事情通が中国料理店で声をひそめて話す。

「ピラミッド型のマネーロンダリングネットワークができている。あのレベルは下請けの下請けレベルだろう」

私たちの近くに置かれたテレビでは、ちょうど松野博一官房長官（当時）の裏金問題についてのニュースが流れていたが、その場にいた中国人からは1000万円超なんて金額が少なすぎると乾いた笑いが漏れていた。

これらのヒト・モノ・カネの大移動を目の当たりにし、中国ではシンガポールは「躺赢《タンイン》」、つまり「何もせずに勝っている」とすら言われはじめている、とある中国メディアのシンガポール特派員が苦笑しながら教えてくれた。

また、経済官庁に勤務するシンガポール人官僚は、シンガポールは米中の間で「interoperability」（相互運用性）の担い手になろうとしていると解説してくれた。日本で近年叫ばれる経済安全保障とは違う、中国からの企業進出や投資をむしろ積極的に活用しようとする姿勢だ。西側を中心に世界で中国「締め出し」が進んでいるが、この東南アジアの新興都市国家は実にしたたかだ。

今振り返ってみると、シンガポールで起きたことは、日本に先行した動きだったと言える。

最大800万人が国外脱出？

そもそも「潤」とは何なのか。

この言葉が中国で最初に出現したのは2018年で、本格的に流行するようになったのは2022年に入ってからだった。「潤」という言葉は一種の社会に対する不満の表明であり、どうしようもない現状を嘆く意味合いが強い。

「中国で改革開放が当時解き放った潜在力と経済エネルギーは、過去20年で徐々に既得権益と経済エリート手中の利益に集中するようになってきた」

『フィナンシャル・タイムズ』中国版のコラムニストで香港大学で教鞭をとるブライアン・ウォン助教授は、若者世代の動向からこの流行語を読み解いた。

「一般家庭の第2世代、第3世代は生活の中で大きなプレッシャーに直面するようになっており、（中略）若者は『躺平《タンピン》』（寝そべり）の態度をとるようになった」

激しい競争の中で、特に大都市圏ではサバイバルに近い状況が出現していると分析する。つまり、「潤」はもともと激化する競争や就職戦線などで不安に駆られた若者が局面打開を目指し海外を志向する動きだったのだ。

「潤」を実践する有志によってまとめられたGitHubの「潤学綱領」には、「潤」を志す人たちの心象がよく現れている。

潤は中国人にとって唯一の真の宗教であり、唯一の真の哲学と言える。それは物理的な救済を信じる宗教であり、その実質的な価値は精神的な救済を追求するキリスト教に匹敵するものである。潤した人はまだ潤していない人を助けることを喜びとし、彼らを現実の「地獄」から救う。

また、中国15億人（中国の公式統計では約14億人だが、オフィシャルに登録されていない中国人も多くいる）のうち、年収12万人民元超が1億人ほどで、その中で約1000万人が情報封鎖を突破し、かつ外部ネットワークにアクセスする条件を備えており、さらにそこから特権階級や既得利益者など200万人を除いた800万人が潜在的な「潤」だと推定する。

このように、今回の移民ブームは、「状況の悪化する中国から脱出する」という意味合いが強いのが特徴だ。

中国で有名な作家・コラムニストの賈葭《ジアジア》氏は、私が日本で「潤」の取材をするにあたって Akid の次に会った人物だ。予定を合わせて、まずは亀戸天神社で久しぶりの再会を果たした。彼と知り合ったのももちろん北京。Akid と並んで、彼も北京のリベラル派メディア人サークルのど真ん中に属していた。

前回会ったのは、雨傘《あまがさ》運動が進行中の香港を見て回ったころだっただろうか。当時彼は、深圳に居を構えていた。

2014年に起きたこの反政府デモは、香港で反中感情が最初に爆発した着火点だったと言えるだろう。国際金融都市として栄えてきた自治の街が一気に政治化した。幹線道路がデモ隊によって封鎖され、夥《おびただ》しい数のビラがあちこちに貼られ、警察との小競り合いが断続的に続いた。

その後、「香港においては香港の事情や香港人の利益を優先すべきだ」と主張する本土派が台頭した。また、2019年には犯罪容疑者の中国本土への引き渡しを可能とする条例改正案への反発に端を発したより大規模なデモが発生し、流血の衝突となった。

だが翌年、「国安法」が施行されると、民主派の政治家や活動家が逮捕されたり言論統制が強化されたりし、デモや集会の勢いは一気に萎んだ。

そんな賈氏はコロナ禍の中で日本へ「潤」してきた。中国へ戻るつもりはないのだと言う。神社の境内を歩いていると、彼は石碑が目に入るたびに何が書かれているかチェックし解読を試みていた。さすが好奇心が強い知識人だなと思った。彼の日本語も少しずつではあるが板についてきた。だが、このときはまだ、中国人インテリが東京で大集結しつつあるとは私はまだ想像もしていなかった。

賈氏はテンセント傘下のメディア「大家《ダージア》」を立ち上げ、北京・香港での生活をまとめた随筆集『我的双城記』(私の二都記)など複数の著作がある。今では東京大学教養学部の客員研究員を務める。2016年には、習近平国家主席の辞任を求める公開状に関連してか、北京から香港へ飛び立とうとしたときに当局に連行され、10日間にわたって消息を絶ったこともあった。

そんな彼の話をじっくりと聞きたく、ある日、私は日本橋の百貨店内にある落ち着いたカフェに呼び出した。白髪の少し目立ちはじめた彼は普段着の知識人という感じで、今日もバックパックを背負ってやってきた。質問すると、「滔滔不絶《タオタオブジゥエ》」（饒舌に）で前のめりになって答えてくれる。

――「早発早移《ザオファーザオイー》」（早く稼いで早く移民する）という言葉を以前から唱えてましたよね？　あれはいつごろからで、どのような背景があったんですか？

賈氏が最初にこの言葉を使い出したのは２０１０年ごろ。２００８年のオリンピック以降、セキュリティチェックや自家用車の運転規制が始まり、北京での生活が面倒になってきたことに端を発するという。

純粋に生活の快適さ、幸福感、子供の教育など、あらゆる面で……。

――公共サービスのことですね？

そうそう、海外のほうがいいに決まっているじゃないですか。移民どうこうの主張、これは正常な国ではオープンに討論すべきでない、家庭で決めることですよね。でも、なぜ中国ではオープンに議論できるんでしょうか？　私はおそらく移民という問題を最初に私的領域から公共の話にした第一人者ですよ。これはある種の（政府）批判の手段なんです。

そう、かつて中国で私は周りの人が移民について話すのをよく耳にした。今の中国では、移民自体がセンシティブな話題となっているようだ。いつしか私も「潤日」の人々に会うときはあえて「潤」という言葉は使わないようになった。相手がギョッとしてしまうからだ。

中国人の国外流出が鮮明になってきていることは国連の統計からはっきり読み取れる。中国から流出する移民を中国へ流入する移民から引いた合計純移動数は1992年にマイナス87万3177人の底値をつけた。当時は中国と先進国との経済ギャップが大きかったので、国内から海外へ就労目的の流出が相次いでいたのだ。多くの日本人にとっても、中国人といえば出稼ぎというイメージがいまだに強いのではないだろうか。

中国経済が世界第2位に躍り出た2010年から2年後、胡錦濤時代の最後の1年には、合計純移動数がマイナス12万4641人まで縮小。これも経済大国となった中国で活躍の機会が増えたのだからわかりやすい。

だが、習近平時代が始まると再び流出拡大の方向へ転じた。総書記の任期を廃止する憲法改正を行った2018年にはマイナス30万人近くまで急増し、上海ロックダウンが起きた2022年にはさらにマイナス31万人を記録。そして2023年も前年と同程度のスピードで流出が続いた。まさに、国内で選挙権はなくとも「中国人は足で投票している」と言える。

中国脱出の動きは資産家階級でも加速中だ。富裕層を研究するニューワールドウェルスのデータでは、2015年から2019年にかけて中国人富裕層が計5万9000人海外に流出したとされる。さらに、投資移住コンサルティング会社ヘンリー&パートナーズは2023年6月に公表したリポートで、2023年、中国の富裕層（100万米ドル超の投資可能資産を保有）の国外流出は1万3500人で世界最大になると予測した。

カネの流出も長年続いている。華僑大学の陳初昇《チエンチューシエン》らの推計では、投資移民の方法で、中国から米国、英国、カナダ、オーストラリア、ニュージーランドの5カ国に移った財産は2008年から2020年にかけてなんと約8844億元（約18兆6000億円）に上ったという。

歩いて米国に密入国も

そんな「潤」の形態は多種多様だ。

メディア関係者の郭俊海《グオジュンハイ》氏（仮名）も日本に身を寄せる「潤」の一人。今は都内の賃貸住宅に妻子と住む。私が国内の「潤」コミュニティを深掘りするにあたっていつも頼りにしてきた人物だ。私より少し年上で、物知り、そして小気味いいユーモアさを兼ね備えている。彼の同僚とは北京時代から親しくしていたので、東京で知り合って一気に仲良くなった。

中国は日本以上に「関係《グァンシー》」（人脈）がものをいう。ある人と知り合いたいときは、誰かに紹介を頼むのが一番スムーズだ。郭氏は中国政府に批判的な立場を貫いており、習近平国家主席の名前を直接出すのを避けるために隠語を使っていたのだが、それでも何度も微信のアカウントを封鎖されている。

リベラル派で知られる呉国光《ウーグオグアン》スタンフォード大学上級研究員は「亜流亡《ヤーリュウワン》」（準亡命）という概念を提唱している。これは、政治的理由以外で、故郷を離れて他国に移住せざるを得なくなった中国人のことを指す。移住先の国での権利と自由を享受し、故郷との往来が自由であるが、故郷の問題に関わると、その自由が制限されたり剝奪されたりすることがあるという意味だ。

この定義からすると、全ての海外華人が、このような「準亡命」状態にあると呉氏は考える。日本にやってくる多くの中国新移民の中にも、ときどき中国へ帰国する人が含まれ、そういう人たちは政治的な発言に気をつけたり、できるだけ目立たないようにしている。

郭氏もまさにそんな感じの日常生活を送っている。

郭氏とは彼の通う日本語学校近くで定期的に会ってきた。そんな彼と2023年秋のある日、いつもの個人経営のカフェで会っていると、おもむろに自分のスマホをこちらへ傾けて見せてきた。木目調の落ち着いた店内に「カラン」という乾いたドアベル音が響いた。また客がやってきたのだろう、人気店なので店内はほぼ満席だ。郭氏がさし示したスクリーンには、VOA（ボイス・オブ・アメリカ。米国政府が運営する国営放送）が4カ月前にアップロードしたYouTube動画が映し出されていた。

タイトルは「すべては米国に入るために。中国人女性が勇気を奮い起こして川を渡る」。よく日に焼けた中国人と思しきおばさんが草むらを忙しく歩いている。動きやすそうな服装で頭にはタオルのようなものを巻いている。もう不要になったというスーツケースから小さな防水バッグを取り出す。

「どうやってやってきたんですか？」と現場の記者が聞く。

「正々堂々とやってきたのよ」と女性。とにかく慌ただしく、目線も合わせない。

「走線《ゾウシェン》でやってきたんですか？」

「そうよ」

「どれぐらい移動しているんですか？」

「1カ月ね」

おばさんは、寸分も躊躇することなくたった１人で慌ただしく平泳ぎで河を渡っていく。記者のレポートによると、川底の流れは急なようで、彼女も明らかに真っ直ぐには進めていない。１分ほどでようやく命からがら対岸に辿り着いた。概要欄の説明では、このシーンが撮影されたのはメキシコ北東部に位置し米国テキサス州と国境を接する街、マタモロスとのことだった。

初めて「走線」という言葉を知った。日本語で「歩いていくルート」くらいの意味に当たる。YouTubeやＳＮＳで「走線」の経験をシェアする人も増えており、専門のコンサルタントさえ誕生している。

この「走線」を選ぶのは若い男性に多い。その道のりは果てしなく長く、辛い。まず観光ビザで中国から南米のエクアドルもしくはトルコ経由で南米に至る。その後、バスでエクアドル北部の町トゥルカンへ向かい、乗り入れでコロンビア入りする。約２日かけてコロンビア北西部に位置する海岸沿いの町ネコクリに到着。現地の「ガイド」にお金を払って、ラテンアメリカからやってくる不法移民グループに加わり、船でパナマの密林地帯に到着する。さらに車で中米数カ国を通過し、メキシコと米国の国境にようやく辿り着く。そこで壁を越えて米国に侵入すると、最後は「自首」して保護申請をして就労の機会を探るのだ。

郭氏の解説では、「潤」する人にもヒエラルキーがあり、大富豪は脱出する方法がさまざまあり、最も悩みが多いのがある程度資産があり、移民ビザを申請しないといけない中流階級なのだそうだ。この「走線」をいくような人は最底辺で逆に選択肢が決まっているのだという。

ＢＢＣ中国語版は、コロナがまだ猛威を振るっていた２０２１年夏にこの走線で米国への脱出を果たした湖北省出身で「90後」（１９９０年代生まれ）の楊鑫《ヤンシン》氏を取材している。もともとカメラマンで、コロナに関係する撮影をしていたところ、公安によって派出所に連行され殴打されたことで脱出を決意したのだという。

一番辛かったのが炎天下の密林地帯。雨にさらされたり、深夜には気温の急落に悩まされ、足には虫に噛まれた痕ができた。米国で配達員の仕事に就くなど苦労の絶えない楊氏だが、「後悔していません。ここに来て後悔していません。中国にいたほうが後悔したでしょうね」と話す。

米紙『ニューヨーク・タイムズ』の報道によると、２０２３年度に米国とメキシコ国境で摘発された中国人は2万４０００人以上で、これは２０１２~22年度の総数より多かった。異常なほどの急増だ。

翻ってアジアに目を向けると、「潤」の動きとしては中国南部からタイ、特に北西部に位置する第二の都市チェンマイに渡る動きがここ数年で活発化した。タイ移民局のデータによると、タイの中国新移民の数は過去10年で5倍ほどに増えた。

こうした難民とも言える人々は、以前であれば、トルコ経由でメキシコ入りし南部の国境から米国入りすることができた。中継地のメキシコ入りのためには、メキシコ側で「買《マイ》関《グァン》」と言われる現地のイミグレ買収要員に対してお金を支払うことが通例となっている。だが、この問題を追うタイ在住の華人ジャーナリストによると、ひと昔前からタイからトルコに飛ぶのが難しくなった。

「走線のピーク時には、中国大使館員がイスタンブール空港で入国妨害していたと言われる」

という噂まであるのだそうだ。日本だと少なくともそういうことは起こり得ないので、日本がトルコに代わるトランジットポイントとなったわけだ。日本のマルチビザを取得すれば、メキシコへは条件付きではあるもののビザなしで行くことが可能だ。

日本を経由するこのルートは、「天壇《ティエンタン》ママ」という女性がネット上で暴露したことで一気に世間に知られることとなった。彼女は、２０２３年12月に日韓両国を観光し、その後中国に帰らず、また韓国から日本へ戻り、そのまま成田からメキシコシティに飛び立ったのだった。メキシコシティから米国国境の街ティフアナへ飛行機で移動し、その後３日間かけて壁を越え、米国のサンディエゴ入りを果たしたと告白する。

もとより米中摩擦で両超大国間の直行便が激減しており、中国企業は米国ではなく、南側で国境を接し、かつ同国と自由貿易協定を結ぶメキシコへの投資を活発化させている。

メキシコに向かう中国人ビジネスパーソンも少なくない。

多くの中国人が成田空港発でメキシコを目指し、メキシコ当局が対策強化に乗り出している背景にはこのようなカラクリがあったのだ。

さらには、「潤」のために、カンボジアや、ギリシャやキプロスといった中欧の小国で現地のパスポートを買うという手段も横行している。特にカンボジアをはじめとするメコン地域では、中国人犯罪者集団が大規模な詐欺拠点を築いており、安全保障上の脅威にまでなっている。前出のシンガポールでの大捕物でも、すでに中国国籍ではなくなった人たちが多く含まれていた。

さらには、北朝鮮からの「脱北者」のような現象も起きるようになってきている。２０２３年８月、身の危険を感じた30代の中国人男性活動家がジェットスキーで山東省から黄海を隔て３００キロ以上離れた対岸の韓国仁川に脱出するという事件が起きた。空路で入国してその国に不法滞在することを中国語で「跳機《ティアオジー》」と言うが、このように水路で脱出する「跳船《ティアオチュアン》」という手法もある。

このように、ゼロコロナ政策が最後の引き金となって、あらゆる階層の中国人にとって「海外で自由に動けるベースを確保する」ことが至上命題となった。「潤」は世界各地で同時多発的に起きている一大潮流なのだ。

日本移住ブームの源流

福島処理水をめぐって日中が揉めているのに、なぜ「反日」の中国人が日本にやってくるのかと疑問に思う向きもあるだろう。確かに、そういう世論の雰囲気もあり、「潤日」は日本に来ていることを家族以外の人には隠していることもままある。ある「潤日」の男性が日本を「臭豆腐」になぞらえていた。一見臭いのだが、食べると美味しいのだ。「潤日」の人たちに話を聞くと、日本を選んだ理由としてよく挙がるのが、物価が他の先進国と比べて安い、過ごしやすい気候、漢字圏なので必ずしも日本語が話せなくても暮らせるといった点だ。

日本が「潤」のスイートスポットとなっているのは、欧米各国がゴールデンビザ（投資家ビザ）の縮小・制限に向けて舵を切る中で、日本は逆に関連する長期滞在系ビザの緩和に動いていることも大きい。

私の過去の取材を今振り返ってみると、確かに日本でも２０１０年代半ばごろから「潤」の前兆のような動きが少しずつ出てきていた。

中国で反腐敗キャンペーンが盛り上がっていた２０１４年末に、方正集団という北京大学からスピンオフした会社の李友《リーユウ》ＣＥＯが失脚した高官、令計画の妻と息子に「３億８０

00万ドル相当の京都の豪邸2軒」をプレゼントしていたとの情報が出回り、中国で大きな話題となった。

年明けまもなく、私は降り続いた雪のまだ残る京都を訪れ、舞台となった町家を見に行った。もともと一見さんお断りの高級旅館で、森喜朗元首相も来たことがあると言われる場所だった。

不動産の購入だけでなく、中国人による日本企業の買収も身近になってきた。例えば、私は2017年に東京で数カ月にわたる取材の末、中国から亡命した郭文貴《グオウエングイ》氏が新生銀行（前身は経営破綻した日本長期信用銀行で現SBI新生銀行）の買収に向けて動いていたことを突き止めた。

同年春にのどかな茶畑の広がる静岡県牧之原市を訪ねたことも思い出される。タイムスリップで過去に戻ってきたような外見の店舗が大通りに点在するこの街は、低迷する現地経済への起爆剤として、中国の広域経済戦略「一帯一路」に呼応する形で、2015年にMIJBC（Made in Japan by China）というスローガンを掲げた。

その関連取材で、戦後初の民間出身中国大使である丹羽宇一郎氏に話を聞くと、

「将来、中国の生活レベルがさらに上昇し、日本における生産コストが相対的に低下すると、中国側が日本の技術を求めた場合、彼らは日本での生産を決め、その製品を中国に持ち帰るようになる。あと10年で中国の対日投資は激増するようになる」

と予言していた。

さらにその翌年には、都内から京浜東北線に乗って、埼玉県の川口市に位置し中国人比率が50％を超えた芝園団地に何度も足を運んだ。そのときに取材した中華街について詳しい立正大学の山下清海教授（当時）は、米国の前例を挙げつつ、中国人が今後さらに遠い郊外、または都内の高層マンションに移っていく可能性を指摘していた。それが早くも現実のものになった。中国新移民が中央区、港区、江東区のタワマンを気前よく「爆買い」しているのはいまや周知の事実だ。

潤日は新華僑とどう違うのか

こうしてやってくる多くの「潤日」は、私たちが普段イメージする在日中国人、つまり1980年代の改革開放以降に日本へ渡ってきた新華僑とは多くの点で性質を異にしている。

新華僑のモードはサバイバルだった。大きな背景として日本と中国の経済格差が大きかったことがある。対して、「潤日」の人たちは、これとは全く違う特徴を持つ。最大の関心事はライフスタイル。自由で豊かな生活を享受しにきている。

日本と中国の経済規模は2010年に逆転しており、中国のニューリッチからすると日本の物価はそこまで高くはない。私が出会った「潤日」の人々の中には、こちらが遠慮しているのに食事を奢ってくれるような人が少なくない。

従来の新華僑の視野は日中両国間に限られがちだった。日本語を習得してきた人々で、必死に日本社会に溶け込もうとした。その多くは就学生だが、密航や出稼ぎで日本に辿り着いた人々もいる。出身は福建省福清市《フーチン》や上海市が多く、その後1990年代に入ると旧満州で日本と歴史的なつながりが深く日本語学校も多かった東北3省（遼寧省、黒竜江省、吉林省）の割合が高まった。山下教授らの研究によると、2007年にはこれら3省が全体の34・9％を占めたほどだ。

2019年に大阪で西成中華街構想をぶち上げて有名になった不動産会社経営者の林伝竜《りんでんりゅう》氏（59才）などはその典型で、商店街にある事務所に訪ねてきた私を「どうぞおかけください」と日本語で迎えてくれた。

丸メガネが落ち着いた感じを醸し出す。眉間には2本の皺が浮かび、ほうれい線もはっきりと刻まれている。福清市出身で1997年に建設業で働くために来日し、ラーメン屋や中華料理屋などを営んできた苦労人だ。林氏は商店街で広がる中国コミュニティが現地社会に溶け込むように願っている。まさに新華僑的発想だ。

対照的に「潤日」の人々は、グローバルな視野を持ち、世界の先進国を見回して比較検討の上で日本を選んでいる。典型的なのは中国の大都市に一度は住んだ経験を持つ。日本の黄金時代を知り、日本製のモノに親しみを持った世代でもある。

彼ら彼女らは日本語習得に関心を示さない、もしくは中年に差し掛かる年ごろなので、そもそも第二言語の言語習得が難しい。日本社会からは孤立しがちで、全てはWeChatグループで事足りる独自のエコシステムがあるのだ。文化人、企業家、知識人からエンジニアまで多岐にわたるプロフェッショナルが含まれている。

新華僑は政治には無関心、もしくは中国政府と近い立場である傾向が強かったと言えるだろう。林氏も私とのインタビューにあたって政治についてはコメントしないと何度も強調していた。逆に、「潤日」には今の中国政府に多かれ少なかれ不満を抱えている人々が目立つ。

「潤日」は比較検討の上で日本に来ているので、日本にずっと居続けるとは必ずしも言えない。「潤日」の一部は、中国国内で状況が好転したり、他国がより魅力的になると日本を離れるということも考えられるだろう。

実際に、すでに日本からシンガポールに再移民したのが、いまや６００万人近くの登録者数を誇るYouTuberの「老高與小茉《ラオガオユーシャオモォー》」だ。２人の事情をよく知る複数の関係者は、もともと日本に暮らしていたが、日本の所得税が高過ぎてシンガポールに移住したと証言する。

居住地域にもはっきりした違いが見られる。新華僑のコミュニティとしては池袋が特に有名だ。歳月を経て、家族を形成すると、こうした人々は西川口のような郊外のマンションへと移っていった。「潤日」は、この流れからやや断絶しており、港区や江東区のタワマンに住む人もいるし、また郊外に別荘を構えたり、地方都市に一軒家を買う人もいる。

「2000年ごろから日本のマンションは安いと言われ出しました。中国人は持ち家志向が強いので、豊かになればなおさら高級なマンションを選ぶことになるでしょうね」

久しぶりにお会いした山下清海先生に「潤日」はこれまでの新華僑とはひと味違うという私の仮説を披露すると、そんな答えが返ってきた。山下先生は、中国人は親しい人や信用のある人の話を聞き、紹介を通じて業者なども加わり、特別な中国人エリアのようなものがだんだんできてくるのではと予測する。

「潤日」コミュニティ——、多くの日本人が知らぬ間に、中国や日本、そして世界の変化に応じる形で急速に存在感を増しつつある。

この全く新しいタイプの中国人移民たちをつぶさに訪ねて耳を傾けると、その新規性や奥深さを痛切に感じるとともに、日本の政治、経済、社会に見逃せないほどの大きなインパクトをもたらしつつある現状が見えてきた。

第2章　タワマンに住む人々

2024年2月6日夕刻　東京都中央区

東京が久しぶりの積雪に見舞われた翌日の午後、インタビューを終えたばかりの私と李《リー》志成《ジーチェン》氏（仮名、44才）は曇り空のもとで彼の住むタワマン周辺を歩いていた。まだところどころで雪が残っていたが、地面は雪解けで湿っていた。気をつかって李氏に寒くないか尋ねた。中国東北地方出身だからだろうか、上下スウェット姿でもそこまで寒くないようで「許容範囲内だよ」とケロッとしていた。

この一帯はちょうど隅田川に浮かぶ中洲状になっている。明治末期に「東京築港」のスローガンのもと浚渫《しゅんせつ》と埋立てが同時に進行した。先人たちは、まさか1世紀後に、このエリアが中国人ニューリッチから熱視線を浴びるようになるとは想像すらしなかっただろう。港区のように高層ビルが林立している圧迫感は全くなく、むしろ開放感がある。遠くにはスカイツリーが聳《そび》える。

「夜になるともっと綺麗なんですよ」と、李氏が教えてくれた。

人影もまばらで、都心とは思えないほどひっそりとしている。彼の言う通り、近隣タワマンの住民くらいしか来ないのだろう。まるでプライベート・パークのような穴場感がある。

すると、李氏が水面を眺めながら、突拍子もないことを聞いてきた。

「ヤマハ製の游艇《ヨウティン》（プレジャーボート）を買いたいんだけど、この辺で係留できるところを知らない？」

李氏にとってはこれくらいの買い物は何でもない。後に李氏は現地の写真を見せながら、故郷の黒竜江省ハルビンで、湖を含む土地1万6000畝（約10・7キロ平米）の使用権を30才のときに友人と共同で買ったと教えてくれた。今のレートで約31億円相当だ。多くの新移民に会って話していると、金額の桁が1つも2つも違うので、私は「日本人は貧しい」という錯覚すら覚えるようになってきていた。

知られざるタワマン生活の実態

李氏は取材で知り合ったある新華僑の男性に紹介してもらった。初めて会った日、彼は自身の住むタワマンの部屋に私を招き入れてくれた。小柄な李氏の顔は岩のようにゴツゴツした質感があり、目鼻立ちがくっきりしている。玄関に入ると、まずは新品の簡易スリッパをバリバリと音をたてながら袋から出してくれ、それを床ではなくなぜか土間に置いた。日本に来て日が浅いことを感じさせ、私は目を丸くした。

すぐ近くの公立小に通う小学2年生の一人息子と2人で住んでいるそうで、部屋の中は雑然としている。座ったリビングのテーブルにも2人分の日本語の教科書が積み上がっていた。3LDKで、専有面積は75平米（中国の基準だと102平米との補足説明があった）。大きな窓の外はシティビューでそれなりに見晴らしがいい。2023年7月に来日したばかりだという。

――なぜ、この場所を選んだんですか？

中央区は静かですから。港区を含めてたくさん下見に行きましたが、ここは景色が魅力的でした。学校も近いし。あと、内覧に来たときに、日本人や中国人だけでなく、イタリア人やドイツ人もいて国際的だったので、ここに決めました。文京区で一戸建も見たんですが、一戸建ての中は雰囲気が重苦しいです。

日本のタワマンは共有スペースが充実していると評価する。1階のラウンジが特にお気に入りだそうだ。お邪魔してみると、スタバのような心地よい雰囲気が漂っていた。テーブル間は十分なスペースが取られており、実に快適そうだった。

ここは賃貸で、今ちょうど新築マンション物件の購入に向けて準備を進めているのだという。

千代田区、皇居のあたりですね。あとは（新宿区）高田馬場のタワマン。その2軒を今申し込んでいます。価格は3億円くらいです。

――けっこう高いですね？

いえいえ、3億円では北京だと何も買えません。この部屋のような物件ですらね。

李氏はハルビン出身で、来日するまでの十数年間は西安に身を置いていた。石油化学会社に長く勤めてきたのだという。エネルギー関係と聞いて、政府と何らかのコネがあるのだろうと想像したが、初対面なので流石《さすが》にそこまでは突っ込んでは聞けない。

――そもそもなぜ来日を決めたんですか？

養老《ヤンラオ》（老後を過ごすこと）したかったんですよ。空気がきれいじゃないですか。医療も整ってますよね。シンガポールと日本が2トップですよ。友人がここ（日本）で手術してうまくいったんです。日本は長寿国です。食品安全もしっかりしている。りんごを買うとちゃんと腐りますよね。中国だと腐らないんです。農薬を使いまくってますから。

その他の理由として、子供の教育や、日本での投資会社設立を挙げる。

コロナ前はシンガポールやメキシコ、ギリシャといった国々が移住先として人気だったんですが、コロナ後は多くの人が日本に来るようになりました。

腕を時折組みながら親切に解説してくれる。シンガポールへの移住を一時考えていたが、日本の在留期間5年の高度人材ビザがたったの23日でスピーディーに取れたこともあり、最終的に日本を選んだ。

日本では2012年から高度人材ポイント制が始まった。在留資格の「高度専門職」は、学歴、職歴などに応じて点数を積み上げ一定の水準に達した場合に認定される。日本での事業展開が条件となる「経営・管理」と並んで「潤」の人たちがよく取得する在留資格だ。

来日当初はペットボトルなどの複雑なゴミ分別に戸惑ったという。公共交通の料金も高いと感じる。毎朝8時ごろに起きて、子供を小学校に送り出し、オフィスのある都内下町エリアへ行き、夜は比較的自由——、そんな日々を送る。

部屋を出る前に、室内をぐるりと案内してくれた。自分と息子の部屋以外のもう1つの部屋は日本式の茶室にしたいそうだ。茶道具を含めて内装をどう業者に頼めばいいのかわからないのが、今の頭痛の種。近々、車も買いたいらしい。でも「ハンドルも道も中国と逆だから、逆走しそうで怖い」と、笑った。

日本経済の復活に賭ける

50代のフランク氏（仮名）も、東京ベイエリアにあるタワマンに最近越してきた中国人の１人だ。

会計業界で長年勤めていたこともあり、誠実な人柄だという第一印象だった。文化に対する造詣《ぞうけい》が深く、浮ついたところが見受けられない。まさに中国語で言うところの「靠譜《カオプー》」（信頼できる）といった感じ。やや背が高く、白髪が目立つせいか、実際の年齢よりは年上に見える。趣味は妻と行くスキーやハイキングで、アクティブな性格だ。

２０２４年の年明け、そのタワマン近くのカフェでじっくり話を聞く機会を得た。初めて日本で過ごした正月について興奮気味に語り出す。

「元日は、明治神宮前の行列がすごかったです。箱根駅伝を見に日本橋まで行ったりもしました。紅白歌合戦も見ましたよ。YOASOBIのパフォーマンスに感動しました」

彼とはいつも英語でやり取りをする。六本木をうまく発音できず、何度も「ろっぽんじ」と間違えていたのが妙に印象的だった。

フランク氏は中国沿岸部のある都市の出身。上海で暮らしていた時間が一番長いが、香港や北京に住んだこともあり、また欧州への留学経験もある国際派。外資系の会計事務所が中国に進出した際に現地採用で入社した最初の世代の１人だ。後に4大会計事務所のパートナーにまで昇進した。

十数年ほど前から本格化した観光ビザの緩和で何度も日本に訪れたことがあった。月島駅近くの新築タワマンで、広さ55平方米の中層階の２ＬＤＫを２０１９年に買っておいた。

当時は7500万円程度だったが、現在までに日本円換算で70%ほど価格が上昇しているという。

当初はマレーシアへの移住を考えていたが、コロナで現地の受け入れスキームそのものがストップしていた。ポルトガルも検討したが、コロナの最中に、当時住んでいた香港からポルトガル駐マカオ領事館に行くことを求められ断念。その際、在日歴の長い知人から、日本移住のことを聞きつけ、来日を模索するようになった。

2022年2月に申請して、在留期間5年の高度人材ビザが1カ月もせずにすんなりとおりた。こうして高度人材ビザで来日するタワマン住民は少なくない。

フランク氏は、今は東京でゆとりのある生活を送っている。日本を訪ねてくる友人と食事に行ったり、鎌倉へ小旅行に行ったりするのが楽しみ。他にもジムやゴルフシミュレーションといった共用スペースを使用したこともあるそうだ。仕事があるときはまとめて取り掛かり、タワマン最上階のコワーキングスペースでパソコンを使用することも。コロナがきっかけでZoomやTeamsなどを使ったオンライン会議が普及したことも、彼のような国際派にとってはプラスだった。

時間があるときは、決まって読書する。仕事の関係で、2カ月に1回のペースで北京や香港に飛ぶ。「ビジネスをやって、関係を維持しておくのが目的」だとのこと。部屋にはある程度満足している。このタワマンも「香港でいうところの新鴻基地産《サンフンカイ》発展（時価総額で香港最大の不動産開発会社）のような」日本の大手デベロッパーが手掛けていることもあり安心感があった。当時はまだ中国人によるタワマン爆買い前夜で、抽選もなくすんなり買えたと振り返る。

「香港は内装が派手でお風呂にテレビスクリーンがついていたりするけどすぐ壊れたりします。こちらは飾り気がないけど実用的ですね。部屋が小さめではありますが。香港で高層マンションに住んでいたときは部屋から山が見えたりしたんですが、隣のビルとの距離が近くて……。ここは見晴らしがいいですね。窓からは東京タワーの一部が、そして隅田川が見えます」

部屋の調度品は豪華絢爛というわけではなく、高品質のものをスッキリと配置している。意外なことに、日常生活は至って地味だ。買い物に「ららぽーと豊洲」に行くときも、銀座にブランド物を買いに行くときも歩く。普段食べる魚は近所のスーパーで買い、たまに築地にのどぐろや穴子を買いに行くのが楽しみなのだそうだ。

中国共産党の支配がいつまでも続かないとの見方がありますねと話題を振ると、声を潜《ひそ》めて賛同を示した。

「中国経済は１９６０年代や１９７０年代に戻るかもしれない」と暗い見通しを持つ。それとは対照的に、周りでは日本経済への関心が高まっていると感じる。

「今、日本株に熱視線が注がれています。中国人主体のファンドは、ケイマン諸島で登録し、実働部隊は香港とシンガポールの両方にというのが典型です。こうしたファンドのアナリストは中国が拠点のことが多いですが、彼らもいまや中国マーケットは見ずに、日本市場を見ているんです。今はこうした人々は日本に出張ベースで来ていますね。こういう人たちをどれだけ日本に定住させられるかが重要だと思いますよ」

その言葉はまさに予言のようだった。2024年1月中旬には、「日本株に連動する上場投資信託（ETF）に、中国の投資家が殺到し、取引は一時停止された」というニュースが駆け巡った。折しも、同月下旬には、米ブルームバーグ通信が、インド株式市場の時価総額が香港市場を初めて抜き、世界4位に浮上したと報じた。程なくして、東京株式市場の時価総額が上海市場を抜いたとの一報も続いた。景気低迷で中国や香港市場が冷え込んでいることを改めて印象付けた。

今後は中国マネーの流入がさらに加速すると見る。

「中国出身の経験豊富なベンチャーキャピタリストたちが日本に来る準備を進めています。中国でもとても有名な人たちです。中国もしくは海外で良好な教育を受けた、価値観も西欧に近いような人たちで、年齢的にはまだまだ働ける世代。今年はそういう動きの出る最初の年になりそうです。まだまだ初期段階で、種を蒔いているような感じです。こういう人たちは、ITやアニメなど文化関連の分野への投資を考えています」

こうした米国など他国のパスポート保持者を含む中国新移民は、日本企業に活力をもたらすきっかけになると考える。日本の大手企業はＩＲ（投資家情報）を英語でも出すが、これからはより中小企業も出していくべきと訴える。

「新たな地政学的状況からすると、今後20～30年で日本は『黄金期』をまた迎えるのではないかと見ています」

そう言い切った。

日本の生活はとにかく不便

中国人の賀振《ホーヂェン》 良《リャン》氏（仮名）夫妻と東京駅近くで待ち合わせた。中央区晴海の旧オリンピック村付近に最近完成したばかりのタワマンの３ＬＤＫに一人娘と住んでいる。初めてお会いする賀氏は、やや黒ずんだ顔に独特な形状のメガネをかけており、THE NORTH FACE のジャージというカジュアルな装い。メニューで濃縮果汁と書かれているのを確認してオレンジジュースを頼んだ。妻の張《チャン》遠華《ユアンホア》氏（仮名）も賀氏と同じくメガネをかけており、頭脳明晰という雰囲気を漂わせている。

50代に突入したばかりの賀氏は、不動産デベロッパーで長年勤務したのち、２０２３年８月に日本に移り住んできた。夫妻は、それまでに沖縄以外の46都道府県を総計４カ月ほどで車を運転して旅した経験を持っていた。

「日本は旅行に来るには最高です」

しかし、「養老」が移住目的の1つであるという夫妻は、次から次へと日本社会の「問題点」を羅列《られつ》していった。

博識の賀氏は、まず日本経済が1990年以来いかに停滞し、米国とのGDPの差が拡大していったかについて持論を述べた。主流の見方では、少子高齢化といった人口動態やデフレといった経済現象が理由とされがちだが、真の問題は「社会の対外開放度の低さ」なのだと熱心に説く。

夫妻が日本に失望するようになったこと、そして日本経済の「真の問題」に気づいたのは、この半年ほどの東京での経験がおおいに関係している。

「それまで住んでいた香港で50平米の高層マンションに住んでいました。東京の家賃は香港の約半分ですので、100平米の家に住めると期待していたんです」

娘がインター校に通っているので、中央区、江東区、墨田区で物件を探していたそうだ。「100軒くらいは不動産を見て回りました」と、自嘲気味に笑う。それでも自分たちの希望する条件に合う部屋が見つからなかった。

「日本人は家族間でプライバシーを気にしないんですか？　家で家族の裸を見てしまったりしますか？」と逆に質問された。

「それか、夏の暑いときにでも、体を洗った後でも、少しだけ衣類を着てそのまま寝るとかせずに、すぐに服を着るのかのどちらかだと思うんです」

夫妻は浴室が2つついている物件を希望していた。トイレも2つあればなお理想的。娘のプライバシーを守りたかったのだ。少し前に親戚3人が家に泊まったときも、浴室の問題は大きかったという。

「交代で入ったらすごい時間がかかりますよね」

中国人は親族を家に泊まらせることもよくあるため、そう言われてみると日本のデザインは不便に感じるだろうなと気付かされた。その他にも、一軒家であれば、大型自家用車が停められることが条件だったという。奥さんにとっては路地が狭いことは減点ポイントになる。

今住んでいる3LDKの概略図をスマホで見せつつまた愚痴《ぐち》る。

「玄関ドアの位置をもっとこっちにもってくるべきですよね。外のスペースが無駄になっています。内のこの部屋は内側にドアが180度開く構造になっているのですが、これだとその周りに物が置けないです」

他にもベッドルームの空間割りがおかしいなどの指摘が次々に出て、しまいには賀氏は「これをデザインしたデザイナーは香港だとクビですね」と断言した。

中国では改革開放まではソ連式の共同住居がよく見られたが、1980年代から不動産デベロッパーが世界各国の様式を取り入れ、真似ていったのだという。そうした視点からは、日本のデザインが奇妙に映るのだ。

これまで住んでいた香港では「内覧した次の日には契約できて、その日の夜には住みはじめられる」のが普通だったので、日本における不動産探しの面倒さに閉口した。物件がないというだけでなく、いい物件を見つけても貸し出しを断られたこともあった。

「日本語が話せないこと、安定した収入がないことを理由にダメだと。どれだけ資産があってもダメなんです。２年間分の家賃を前払いで全部払うと言っても！」

と、奥さんはあまりの馬鹿馬鹿しさに呆れ返っていた。夫妻は結局、来日すぐのころはまず友達の家に居候し、その後ホテルへ移り、さらにはホテル型マンションを半年借りる羽目になった。

奥さんの張氏は、東京生活の不便さをさらに訴えてくる。

「中国ではクレジットカードの限度額を30万元（約６００万円）まで上げることができました。日本では上限が30万円で、どれだけお金をもっていても、次の月まで待たなければいけません。コストコやＥＴＣでも迂闊《うかつ》にクレジットカードを使っていられません。それでなくても最近は家具を買ったりしないといけないのに！」

「日本で老後を過ごす意欲が下がりました。娘がインターを卒業したら他の国に移るかもしれません」

賀氏はがっくりと肩を落とした。

東京湾岸エリアが人気のワケ

フランク氏や賀氏一家が住む中央区だけでなく、東京湾を囲むより広い湾岸エリア全体のタワマンで中国を脱出してきた富裕層の存在感が増している。

「そうしたニューリッチが多いエリアは東京・江東区の有明、豊洲、中央区の晴海、品川区の品川、港区の芝浦、港南などです」

自身も有明のタワマンに住む中国人不動産コンサルタントは、中国人が多く住むタワマンがあるエリアを名指しする。

東京都のデータで都内23区の在留中国人の数をチェックすると、トップは有明・豊洲がある江東区だ。２０１８年から２０２３年の5年間で、東京区部の中国人数は14・８％増だったが、江東区は17・９％増と伸び率も高い。タワマンが多い中央区、品川区、港区もそろって20％以上の伸びを示す。

一時期「西川口チャイナタウン」が話題となった埼玉県川口市の中国人数は、２０２３年時点で2万２３５５人。5年前と比べて14・８％増で、東京区部と同程度の伸びだ。突出した勢いは感じられない。

対照的に文京区、中央区、千代田区などは5割以上の伸びを示しており、東京では特に都心部で中国人の増加ぶりが鮮明だ。

中国人に特に注目されているのが江東区の豊洲エリア。東京に土地勘がない人でも、築地魚市場の移転先と言えばわかるかもしれない。なかでも、特に人気のあるのが「ブランズタワー豊洲」だ。ブランズタワー豊洲は地下1階地上48階、総戸数1152戸。2021年にできたばかりで、豊洲駅から歩いて4分と好立地。敷地内の外周は木々が生い茂り、心地いい空間を形成している。屋内は重厚な作りで、廊下などは高級ホテルと見紛うほどの意匠《いしょう》をこらしている。

4階のコモンスペースも立派だ。巨大なエントランスホールが広がり、壁には大理石や御影石が使われている。ビリヤード台のあるレクリエーションルームや、仕事や作業ができるコワーキングルーム、さらには、フィットネスルームにパーティールームと至れり尽くせりだ。

ブランズタワー豊洲に住む中国人男性住民によると、ここを選ぶ中国人は主に2種類に分けられる。第1に、カップルの両方が日本または外資の大手企業で働いているパターン。そして、第2が自分で会社を経営しているパターンだ。

この男性自身も都内で中国人向けの大学進学塾を経営している。中国人住民の主な年齢層は30代後半から40代前半だそうだ。そのほとんどがここ数年で日本にやってきた「新移民」である。その中にはすでに永住権を取った人もいる。

前出の中国人不動産コンサルタントは、

「パークタワー晴海もブランズタワー豊洲に匹敵するほどの人気を集めており、児童室やキッズルームといった施設が充実しているのが子育て世代に注目されています」と話す。日本のディズニーランドの運営主体であるオリエンタルランドがデザインを手がけていることも大きいようだ。そのほかに中国人に人気のタワマンとして、勝どきのザ・東京タワーズ、2つのスパを備えた晴海のドゥ・トゥールを名指しする。

湾岸のあるタワマンに住む30代の中国人女性は、その物件に住む同胞のみで構成されるWeChatのチャットグループのメンバー数から逆算して、

「少なくともうちのマンションの住民の15%は中国人です」と推測する。

さらにこの不動産コンサルタントは、

「物件によっては住民の2割以上が中国人でしょう」と話す。

ちなみに、BBCが2023年に「痴漢動画の闇サイトを暴く　売られる性暴力」と独自報道し話題となった事件の黒幕（20代の中国人男性）も豊洲のタワマンに住んでいたとされる。

そもそも、中国人ニューリッチはなぜこの一帯を選ぶのか。

最大の要因はコスパのよさだ。日本人不動産業者は、

「タワマンがまとまって建っているエリアはほかにも港区の港南や芝浦などがありますが、

同じグレードで安く住めるのが豊洲」と解説する。

豊洲は元を辿ると関東大震災の瓦礫処理で埋め立てられた土地で、長らく工業地として使われてきた。1988年に豊洲駅が誕生して以降、近年では再開発や区画整理が本格化。マンション建設ラッシュが起き、商業地や住宅地への移行が進んだ。

周辺には、商業施設の「ららぽーと豊洲」がある以外にも、イオンがあるなど日用品の買い物も少しずつ便利になってきている。

豊洲周辺のタワマンには、東京タワー、東京スカイツリー、レインボーブリッジなど「東京の顔」を眺望できる部屋もある。これは中国人からすると間違いなくプラス材料だろう。

夫・子供と一緒にブランズタワー豊洲に住む30代の中国人女性は、

「夫が不動産の仕事をやっていて、ここは値が上がると思った。都心から近くて生活にも便利。小学校も道を挟んですぐだから子供の教育環境もいい」

と、2022年3月に引っ越してきた理由を話す。

「中国人は広いところが好きだし、新しい環境が好きです」とも。

豊洲地区のタワマンは格別に目の前が開けているのが特徴で、これは確かに都心部では珍しい。

中国版 Instagram の小紅書《シャオホンシュー》に投稿された不動産仲介会社の投稿動画で、紹介者の女性は、「開放感が格別です。外の景色が本当に素晴らしい。ちょっと見て、豊洲の景色が一望できますよ！」

と、興奮気味にブランズタワー豊洲を紹介している。

フランク氏も言っていたが、港区のタワマンと比べ、この周辺には建物が密集していないので、窓の外の景色が開けているのだ。また、都内の他のエリアに比べて豊洲は道が格段に広い。北京の街並みを思い出させるほどだ。小紅書とは、中国の若年層に人気のSNSプラットフォームで、写真や動画、テキストなどを投稿することができる。またECサイトとしての側面も強く、インフルエンサーによるプロモーションも盛んだ。

中国の大都市では高層マンションに住むことが一般的なので、日本でもタワマンに住みたがる新移民がいることは自然なことではある。

中国人は新築を好む傾向が強い。ブランズタワー豊洲は中国人富裕層の海外脱出が本格化してきた２０２１年後半に竣工したというタイミングも、人気の理由かもしれない。ブランズタワー豊洲に住む別の30代中国人女性は、北京でもタワマンに住んだことがあり、ここはコモンスペースが充実していることや警備が行き届いているところが気に入ったと説明する。

「北京と比べるとコスパがいいです。北京で同じ地理的条件で同クラスのマンションを買うには１平米10万元（約２００万円）は必要です」

ブランズタワー豊洲の売り出し価格が１平米が約１２０万円程度とされるので、単純計算で4割ほど安くなる計算だ。

さらに付け足すと、目と鼻の先にある銀座は中国で知らない人がいないほど有名な街だ。「銀座の近くに住んでいる」というだけで鼻高々なのは容易に想像できる。最寄り駅は地下鉄有楽町線と新交通ゆりかもめの豊洲駅。

「交通は少し不便ですね。でも、私も夫もコロナ後はずっとリモートだし、銀座駅や東京駅にタクシーですぐ行けるので、今のところOKって感じです」と前出の女性住民。

ただ、豊洲周辺にクリニックが少ないのは困っていると話す。

豊洲では日中、自転車で子供を連れたママが行き来している。週末になると、付近にあるベイフロントの公園は子供連れでごった返す。都心近くでこれほど多くの子供を見ることはまずないと感じるほどだ。

「受験の4大塾（SAPIX、日能研、四谷大塚、早稲田アカデミー）の教室が、全部このエリアには揃っています」

前出の中国人男性が解説してくれた。教育を格別に重視する中国新移民にとってはもってこいである。

こうしてみると中国人ニューリッチが豊洲エリアを中心とする湾岸のタワマンを選ぶのは必然に思える。そして、それは日中の都市生活者のライフスタイルが驚くほどに似通ってきたことの結果とも言えるのだ。

都心の一戸建ても人気に

渋谷区広尾。港区麻布の隣に位置し、高台には閑静な高級住宅街が広がる。ある平日の朝、２０２２年5月に日本に移住してきた40代の宋国平《ソングオピン》氏（仮名）がまもなく引越しする予定の家に向かった。

地上4階地下1階の一戸建て。この辺りでは珍しくない縦長の邸宅だ。玄関には内装工事を急ピッチで進める中国人労働者が10人ほど集まっていた。家の前には９００万円で買ったというアルファード――中国人ニューリッチが日本で割安感があるのでよく買うとされる車種――が停まっていた。中から出てきた宋氏とは少し前に一度顔を合わせていた。褐色の肌が特徴的で、どこか田舎出身の雰囲気が漂う人物だ。一方で、善良で正直な性格が滲み出ていると感じる。

都内で中国人が買う不動産はタワマンだけでなく、宋氏のように一軒家ということももちろんある。例えば、東京タワーからほど近い芝公園の中にポツンと建つ建築家隈研吾デザインの高級邸宅は最近まで中国系暗号資産会社が所有していた。その他にも、関係者に教えてもらい、渋谷区神宮前や台東区北上野などのエリアにある複数の豪邸の登記を取得し、所有者の欄に中国人の名前が記載されていることを、私は確認した。取材中に、中国人が住む豪邸がどこにあるか教えてくれた人は数知れないが、「具体的に報道しないで」と注意されるのが常だった。

不動産プラットフォーム神居秒算の2023年の調査によると、中華圏の投資家の87・5%が日本の不動産を買うタイミングは「今」と回答した。購入したい不動産のタイプは、「アパート・マンション」という回答が50%超で、「戸建て」(43・2%)、「ビル一棟」(22・5%)、「宿泊施設」(18・5%)などが続いた。やはり、タワマンだけではないのである。

宋氏は、今はまだ練馬区のマンションに妻と4人の子供と住んでおり、まもなくこの一等地に越してくる予定だ。2023年に購入したときは5億3000万円したのだという。六本木ヒルズも遠くに望めるルーフトップの4階で、金色の混じった派手な長テーブルで向かい合う形で話を聞いた。幹線道路からは距離のある路地に位置するので、見渡すとあたりは一軒家や低層マンションばかり。見晴らしはまずまずだ。

「住宅を買うにあたって、日本は地震が多いことを考慮して、タワマンは買わないと決めていました。木製はダメで、コンクリート製でないとダメ。比較的安全ですので。あとアパートもダメです。家で子供たちが走り回ってうるさいし、お隣さんにもよくないから」

福建省出身の宋氏は、北京の名門大学を出た後、某世界トップ500企業に長年勤めた。2015年には、後に中国南部のある都市で自分の会社を起業した。

――日本に来るにあたってはどういった要素を考慮したんですか？

私の教育路線は中国、日本、ドイツ、米国、そしてまた中国に帰ってくるというものなんです。例えば、小学1年から小学3年までは中国で中国語をまず書けるようにする。そして小学4年から小学6年までは日本で日本語を書けるようにする。その後、中学1年から中学3年でドイツ。その後、米国で高校と大学に進学する。こういった計画なんです。

――ずっと中国だとダメなんですか？

ずっと中国だといくつか十分でないところが出てきますね。私たちの子供は中国でもインター校に通っていました。でも中国だと接する相手の多くは中国人ですよ。そして多くの場所に土地勘があります。ずっと新しい挑戦があるというわけでは必ずしもないわけです。

親子でさまざまな国の実際を肌身で知っておく必要があると考えている。なぜこの4カ国を選んだのか問うと、「世界のＧＤＰランキングでトップ4だから」と答える。さすがに私は内心「そこまでするか？」と思い閉口した。一家はまずは近場の日本に来たというわけだ。２０２５年5月にはドイツに移る計画。子供たちはみな、まず来日後すぐに住みはじめた都内マンションの近くにあるインター校に通っていたが、２０２３年から別のもっと著名なインター校に転校した。

自社の経営が軌道に乗っているので、自分の時間ができた。そのため子供たちとともに一緒に成長していきたいとの考えが出てきたのだという。自社と同じ業界で商機を求めているのも来日の理由の１つだ。

もうすぐ50才ですし、自分の人生をもっと豊かにしたいという考えもあります。

日本へ移住する前に来日したことはなかったのだという。成田空港に降り立った当日はこの国に「憧憬」を抱いていたという。ただ、実際に来てみて日本社会の遅れぶりには驚かされたそうだ。

なんでも全部封筒で送られてくる。３００通くらいきたと思います。ものすごく面倒くさい。30年前と同じやり方でやっている。

そう言って、これみよがしに両手を精一杯広げた。

あと東京は人が冷たいですね。

不動産「爆買い」の余波

もう少し俯瞰《ふかん》して、都内全体を視野に入れつつ中国人による不動産爆買い現象を見てみよう。

中国人顧客向けの不動産会社フューチャーリーディングで売買を担当する聞楷澧《ぶんかいとう》営業一部長は、２０１１年から業界に身を置くベテランだ。やはり、２０２２年の上海ロックダウン期にアプリや微博を通じて問い合わせが急増したと語る。主には、上海在住者からだった。もともと同市には、お金持ちも多いという理由もあるだろうと推測する。

「すでにコロナ禍は終わったという感じですけど、これからまだどんどん入ってくると思いますよ」

住居用というよりは投資目的の割合のほうが高いとみる。

「今は円安の効果がありますから、バーゲンみたいな感覚がありますね」

日本の不動産業界だと都心3区（千代田区、中央区、港区）とか5区（3区と新宿区、渋

るのだという。

谷区）という言い方が定着しているが、中国では文京区を加えた6区が特に注目されてい

――なぜ、文京区が人気なんですか？

やっぱり東京大学がありますから。あと文京区は、ランキングでは一番治安のいい区なんです。あとは後楽園、つまり遊園地もあるし。周辺エリアの食べ物とかも……。生活環境はけっこういいと思いますね。

後に「潤」してきた30代の中国人女性から聞いた。界隈では、文京区の区立小学校で特に名門として人気の高い「誠之小学校」「千駄木小学校」「昭和小学校」「窪町小学校」のイニシャルをとった通称「3S1K」も有名になっているという。

聞氏の感覚では、顧客は自分のビジネスを中国でしている人も多く、日本に実際に住んでいるのは4分の1ほどで、残りは中国に住みながら不動産に投資しているそうだ。

日中でビジネスを展開するある日本人男性は、

「部屋の大部分が売却済みのある都内のマンションが、夜になると真っ暗になると、ひと昔前は噂されていた」

と言っていたが、そういう遠隔投資的な側面は今でも根強いと考えたほうが良さそうだ。その瞬間ハッとした。私が住む新宿区のワンルームのマンションは、中国でしばしばそうであるように、家具付きだった。そして、ハンガーには「Shangyue」といういかにも中国風のブランド名が刻まれていた。それどころか、家主の所在地も中国浙江省となっていた。私も知らず知らずのうちに「潤」に巻き込まれていたのだ。

聞氏はさらに続ける。

「投資目的で買うので一番多いのがタワマンです。区分として買いやすいとか、場所と眺めがいいからですね。もうちょっと金額が大きくなるとマンションやレジデンスを丸ごと買う人もいます。10戸とか20戸とかのちっちゃいやつですけど。そういうのを買うと民泊の登録ができて、経営・管理ビザの（投資）内容として使えますから」

都内で働く、匿名を希望する別の中国人不動産業者も、住居目的で買う中国人は少ないと証言する。投資目的だと、やはり10～20戸のマンションを３億～5億円で買うパターンが多いという。中国では、土地に所有権はなく、70年の使用権を買えるのみ。その点日本では、土地にも１００％所有権がある。家賃収入に期待するより、物件自体の価格上昇をメインで狙う。家賃収入にはほとんど税金がかからないのも魅力的に映っているのだという。ただ、利回りは低下している。マンション丸ごと投資というパターンだと、コロナ前は５～６％ほどあった利回りが３～４％にまで下がったという。

湾岸エリアのタワマンが人気となっている背景について、聞氏はさらに解説してくれた。

「海景房（海が見える家）っていう言葉があるんです。風水では海はお金が入ってくるという意味があるんです。水は財になるという意味です」

また、東京以外に目を向けると、軽井沢、やはり海の見える江ノ島、温泉のある箱根、雪の楽しめる北海道で別荘のような物件を買うトレンドもあるそうだ。

聞氏が売った一番高い物件は銀座の100億円のビジネスホテルだという。またマンション系だと、港区南青山の低層レジデンスで9億円の物件を売った。マンション丸ごと系だと同僚が渋谷区の物件を30億円で売ったと話す。

感覚としては、平均を取ると、この会社の営業担当が1人毎月1億円くらいの物件を売っているほどの売上げになる。さらに都内には中国系不動産会社が500軒くらいあるのではと推定する。いったいどれだけの中国人不動産マネーが動いているのかと気が遠くなるほどだ。

中国経済に詳しい日本国際問題研究所の津上俊哉客員研究員は現状をこう分析する。

「小金持ちなら、房子《ファンズ》（家）を見に行くというのがかなり出てきていて、でもちょっと旅行に来ただけじゃ申し込みができないので、中国人から買ったり、あとはこっちに住んで網を張って、物件が無茶苦茶値上がりするというようなことが起きているんでしょう。マンションの一室だけでなく、一軒家を改装して民泊風のホテルにするとか。物件を持っていて、普段は何回も日本に行かないから、友人に泊まりなよってていうようなところとか」

局地的に、新築物件などでは中国人購買力による価格上昇が起きているという見方だ。

確かに、条件の良いエリアで新築となると、倍率が激しくなっているという話はあちこちで聞く。オリンピック村にできた晴海フラッグの最上階の多くの部屋が中国人バイヤーによって買われたとの週刊誌報道があったのも記憶に新しい。一方、多くの中国人不動産コンサルタントは、中国人「爆買い」の不動産価格上昇への寄与度は大きくないと強調する。

大阪でも買われるタワマン

中国人によるタワマン席巻は、日本第二の都市圏にも波及しつつある。

値ごろ感や人々の親切さを理由に大阪を選ぶ人も少なくないのだ。マカオの不動産コンサルタント会社、アナザー・ワールドのセールス・ディレクター、シオ・イン・ング氏は、家賃の安い大阪でのシンプルな生活を好む人もいると語る。

「投資家は、大阪で計画されているカジノや万博に注目しています。チャイナタウンを作るという話もありますし」

このチャイナタウンとは西成中華街構想のことで、第1章でも紹介した通り、典型的な一世代前の新華僑である林氏が2019年に提唱した。日雇い労働者の街、あいりん地区東側に位置するアーケード街に活気を取り戻すのが目的だったが、現地社会では唐突な計画に戸惑いの声も上がった。ご本人に話を聞きに行くと、福建訛りの中国語で、「チャイナタウンじゃなくてもいい。発展するなら何タウンでもいい」との言葉があった。

結局、構想は頓挫し、2023年12月に商店街から少し離れたところに三国志の英雄・関羽《かんう》を祀《まつ》る「関帝廟」が建立されたのみ。林氏によると、アーケード街の一部エリアでは中国人による不動産所有率が50％を超えており、近年周辺では土地価格の上昇が続いているという。もとよりこのエリアは超高層ビル「あべのハルカス」から1キロもないほどの好立地なのだ。

大阪における最新の動向を把握するために、大阪で行政書士事務所を営む澤嘉《さわよし》氏に話を聞いた。

――最近、大阪に移ってくる中国人の人たちはどういうところに住んでいますか？

半分以上はタワマンですね。

やっぱり……。

大阪だったら、（大阪市）中央区とか北区とかにタワマンが多くあります。新しいタワマンも建ってきています。先週お客さんと一緒に見に行きました。70平米ぐらいの部屋で、1億5000万円とかで、すぐにみんな現金で一気に買います。東京のタワマンはもっと高いですね。誰でも買えるわけじゃないし、抽選とかエントリーしないといけない。大阪ならまだ誰でも買えます。

申し込みが目立つのが、シティタワー大阪本町だという。最寄駅の大阪メトロ本町駅は、南北の中心である梅田駅となんば駅から地下鉄でそれぞれたったの4分と3分という好立地で、まさに大阪のど真ん中に位置する。地上48階建てで、総戸数は855戸。47階にはスカイラウンジが、2階にはラウンジやフィットネスルームが備えられており、さらにはホテルのようなゲストルームやコンシェルジュサービスがあるなど、とにかく豪華の限り。2019年から段階的に販売が始まっている。やはりここでも新築タワマンが人気なのだ。

実際に足を運びモデルルームで日本人スタッフに話を聞くと、「コロナ禍が明けてから中国人を含めた海外の人の購買が増えてきた」と認めた。

アッパーミドル層の不安

東京都中央区のタワマンで、李氏に自分の中での東京の位置付けや、ここに住む感覚がどうなのかを聞いていたときに、このような答えが返ってきた。

自分の人生にもう1つの選択肢を与えることですね。もう1つのルートです。良くないことが起きるときに、中国で言うじゃないですか。不要吊死在一棵樹上（一本の木の上で首を吊るな、転じて、何か1つのことにこだわる必要はないという諺）って。

――良くないことって何ですか？

みんな知っていることです。コロナ禍の3年で、中国で「新文革」が起きました。今の中国経済が毛沢東時代のもともとの意味での文革に戻ることはないでしょう。でもそれに近いことです。

なんで全世界が、ジャック・マー氏などの中国のお金持ちを競って受け入れようと奪い合っているのでしょうか？　中国は財産公有制だからですよ。あなたにはわからないかもしれないけど。あなたたちは私有制ですね。でも（中国では）このような部屋も、中国政府や中国憲法によると、全て公有資産ですよ。あなたのお金もあなたのものではありません。国家のものです。あなたの全て、命を含めて、全て国家のお仕事です。少なくともそういうふうに喧伝してます。

今回の文革は（昔の文革と違い）世論的な側面があります。２０００年代は、中国は法治社会に向けてゆっくり発展していました。光が見えていたのです。でも、その後、行政権力が法律より大きくなりました。安心感がないのです。

中国の大都市住民がマンションを売れば、すぐに1億円や2億円くらいは工面できる。特に中国で不動産価格の下落が始まる前であれば値崩れもしていなかった。

深呼吸をするかのように、印象の良好な日本でいったん落ち着きたいと思うのはごく自然な感覚だ。タワマンの新住民たちは、私が数年前に中国の都市部でよく接していたごく普通のアッパーミドル層の人たちそのものだった。

ただ、中国で資本規制が強まり、海外にお金を持ち出すのは難しくなっているはずなのに、どのように資金を移動してきているのか、実態はなかなかつかめなかった。

いずれにせよ、こうしたアッパーミドル層がたびたび口にしていたのが子供の教育問題だ。中国では熾烈な受験競争が繰り広げられるようになり、思想教育の強化も進む。日本の教育環境がますます魅力的に映るようになってきているのだ。
私は、中国からやってくる教育移民の知られざる実情を探ることにした。

第3章　新お受験戦争

2022年6月1日昼　湖南省耒陽市

中国の大きさからするとほんの砂粒のようなサイズのこの田舎町で、一家の別れのときが刻一刻と迫っていた。低い丘陵が広がるこのエリアでは、ジメジメとした空気をぬうように、雨がしとしとと降り続いていた。

午後1時過ぎの高鉄《ガオティエ》（高速鉄道）に乗るために、英語教師のグレース（仮名、37才）は18寸（約55センチ）の小さなスーツケースを引きながら、1人で高速鉄道駅の待合室に立っていた。ガラスの向こうでは、夫と小学生の息子2人が手を振っている。だが、もうお互いに声は届かない。

出発前、小学2年生の次男は、母が単独で日本へ移住することを理解していないようだった。無垢《むく》な表情で、

「1カ月後に帰ってくるんじゃないの?」と聞いてくる。

その一方で、繊細な性格の小学6年生の長男は、母が自らの選択で日本へ行くことを薄々感じ取っているようだった。それでも、

「別れるのが忍びないなら、なんで行ってしまうの?」と聞かれた。

「みんなでなるべく早く集まれるようにするから」と返すことしかできなかった。

息子たちの反応を前にしても、日本で中国とは違う別の世界が見たいという持ち前の好奇心が勝った。子供を連れてこられるかどころか、仕事がうまく見つかるかすらわからない。心中は複雑で茫漠《ぼうばく》としていた。彼女にとって全てが未知の新生活が始まろうとしていた。

元教師が来日を決断した理由

東京東部の下町エリアにあるコメダ珈琲店をこちらから指定してグレースに会ったのは、2023年秋のある週末だった。彼女と知り合ったのは、2週間ほど前。ある東京在住の著名中国人教育家のバースデーイベントに参加したときだった。恵比寿駅近くのイベント

スペースを大々的に貸し切って行われたそのイベントには、多くの悩める中国人保護者が駆けつけ、中には「潤」してきた人々の姿もあった。その1人である彼女は、その教育家との対談の中で祖国を離れたあの日を思い出し、大粒の涙を流し、和気藹々《わきあいあい》とした雰囲気が一変した。彼女の涙の理由が詳しく知りたくて、1対1での面会を申し込んだのだった。

順番待ちが出るほどの賑やかな店内に入ってきたグレースは、小柄で細い体軀に青白赤のセーターを身に纏《まと》い、薄茶の帽子をかぶっている。卵形の顔には、ほくろが点在し、両目が離れ気味。外が寒いせいだろうか、色白の肌に朱色が滲む。

兼業だった2年間を含め、彼女は15年もの間、故郷の湖南省で教師として働いてきた。同省の大学で英語を専攻していたことがきっかけで、最初の赴任先は田舎の私立小学校だった。

「シングル家庭が半分以上だった」と回想する。

2015年には、3年後により安定した「編制」教師になれる見込みがたった。「編制」教師といえば、中国で言うところの「鉄飯碗《ティエファンワン》」（一生の糧になる安定した職業）だ。これをきっかけに、彼女は都市部の高校に転職。これから社会に出ていく学生たち――まさに中国の未来そのもの――と接した。

そんなキャリアを積む過程で、中国の教育制度への疑問が募ってきた。

「点数で全ての評価が決まります。成績が悪い学生は悪い人生を歩み、悪い人間であると判断されます」

グレースは教師らしいよく通る声でそう訴える。時折、黒板を指差す様子が目に浮かぶような手振りを見せる。紛れもない元教師だ。

地元の高校生は、厳しい受験戦争に直面し、朝6時から夜12時まで勉強漬けなのだそうだ。私が「悪貨は良貨を駆逐する」という意味の中国語表現をすぐに聞き取れなかったので、目の前に広げていた取材ノートに「劣幣→良幣」と書いてくれた。

「ケータイを持ち込んでいるのがわかれば、そのケータイを奪って、投げつけて壊すなんてこともあります」

祖国の体制に対して疑念を抱いた最初のきっかけは、2016年の香港行きだった。自分の故郷で地元の教育政策に反発した保護者らが抗議活動をしたことが報じられているのを現地で目撃する。地元では全く報道されていなかっただけに驚きを隠せなかった。

「私たちは封鎖されたじゃないですか。グレート・ファイアーウォールね。つまり、内部ネットワークがあります。知ってますよね？　YouTubeの情報は見られないし、Facebookの情報も、Twitter（現X）の情報も全然見られない。それであるとき買ったんです、梯子《ティーズ》を」

梯子は日本語と同じく「はしご」という意味だ。どういうことか？

「私たちは梯子って言うんです。このことは、微信《ウェイシン》（中国版ＬＩＮＥ）でも注意して話さなければなりません。梯子を買ったら、外の世界が見られます。ＶＰＮ（バーチャル・プライベート・ネットワーク）のことですよ。例えば、近くが見えなかったら、梯子を使って高いところに立つと見られるようになりますね。それと同じです」

中国は、厳しい規制により、世界のネットワークと分断されており、小紅書《シャオホンシュー》以外にも微信や微博《ウェイボー》（中国版Ｘ）、抖音《ドウイン》（中国版 TikTok）といったＳＮＳプラットフォームが広く使われている。外国人駐在員や一部の中国人は、ＶＰＮを通じて海外のＳＮＳにアクセスする。

グレースは「はしご」を購入した流れで、中国の歴史について調べるようになったのだという。

「六四（天安門事件）なんて、私が生まれて以降に起きた出来事ですよ。でも周りの人はこのことについて触れる勇気がありませんでした。近代史ですらない。現代史ですよ！」

グレースは元来好奇心が強く、読書が好きでアウトドア派だった。実際に海外へ移住し社会を観察することを通じて中国の体制との違いをどうしても知りたかった。安定した仕事を投げ捨ててでも海外へ出たかった。カナダへの移住も頭をよぎったが、結局、生活コストが相対的に低い日本を選んだ。

子供たちと別れた日の高速鉄道駅での一幕を詳しく描写してもらうよう頼むと、話しはじめた彼女の右目の涙丘から、涙がこぼれ落ちた。その涙は私にも伝播して、目頭が熱くなった。

彼女の新生活は、日本語学校に通うことからスタートした。来日当初は、公園で日本人の児童たちを観察するのが日課だったという。

日本にやってきてからは生計が厳しく、中華料理店やカプセルホテルなどのアルバイトを転々とし、中国での蓄えを切り崩す日々が続いた。

「日本では最低賃金もあり、暮らしていくだけのお金は稼ぎやすいです」と言う。

2023年春には技術・人文知識・国際業務ビザに切り替えた。今では英語のガイドで富士山ツアーなどに添乗して糊口を凌ぐ。同年夏にようやく夫ら家族と日本で一緒に住めるようになった。

良質な教育環境を求める上海のアッパーミドル

「潤」してくる人々の目的の1つが良質な教育環境だ。中国人の子供が日本各地のインターナショナルスクール（以下、インター）をまず受験し、受かった地方都市に保護者が引っ越すなんていう「子供先行型」の移住もあるほどだ。特に、上海を中心とする中国の大都市からアッパーミドルクラスが一家で移ってくるケースが後をたたない。

郭偉《グオウェイ》氏（仮名、48才）が、その典型例だ。東京東部のあるファミレスでじっくり話を聞く機会があった。日本に慣れていない彼は、飲み放題のドリンクバーに新鮮な驚きを覚えていた。刻まれたシワや着てきたブルゾンがいかにも初老という風貌だ。その丸顔がいかにも柔和で、友好的な雰囲気が漂っている。

「私はむかし憤青《フェンチン》だったんですよ」

憤青とは憤怒青年《フェンヌー》の短縮語で、中国語で「怒れる若者」を意味する言葉だ。日本で言うところのネトウヨに近い存在だ。そんな人がなぜ日本に移ってきたのかと、流石に耳を疑った。

彼の中国における半生は、中国の改革開放の時代、そしてその後続いた高度成長時代と軌を一にする。湖北省宜昌市出身の郭氏は、激動の文化大革命で下放された両親の元に生を授かった。

1996年に北京の大専（3年制大学で日本の短期大学に相当）を卒業してしばらくは故郷に戻り化学工場で働いていた。しかし、職場環境に耐えられず、その後、友達の誘いでお隣の陝西《せんせい》省の省都、西安《せいあん》に移り自動車部品のセールスに従事した。

2012年に尖閣諸島の領有権問題をめぐって反日デモが吹き上がったときは、周りの中国人が日本に対する怒りを噴出させており、彼も「日本製品は全く買わなかった。携帯電話や、ユニクロや、ミズノなど、妻に日本のものを買うことも許さなかったですよ」とのことだ。

暴徒に加わることはなかったが、傍観者として騒ぎは見ていた。デモは所詮官製と見抜いてはいた。だが、日中のどちらが具体的にどうダメなのかははっきりとはわからなかった。西安は日本に対する感情が相対的にネガティブなことで知られる都市で、デモの最中、日本車を運転中の中国人男性が暴徒化した群衆に殴られ、半身不随になる事件が起きた。

「日本には底線《ディーシェン》（最低ライン）がないとみんな言っていましたから。村で三光《さんこう》政策（日本軍の行いを指す『殺し尽くし・焼き尽くし・奪い尽くす』）をやったって、中国では子供がヒーローを崇拝するのと同じロジックで、勇敢に日本と戦った中国人の英雄を讃《たた》え、日本はなんでも悪いとの考えを小学校時代から植え付けられる。大陸では情報収集のチャネルが官製の1つしかなく、市販されている歴史本も全てでっち上げだった」

　と吐き捨てるように言う。

「中国の新聞聯播《シンウェンリィエンボー》（中国中央テレビ（ＣＣＴＶ）の看板番組）の最初の15分は偉大なリーダーについてでしょう？　後の15分は世界各地、どこで戦争しているだとか、海外は全部カオスって言っています。私は一時、『環球時報』（愛国主義的立場で知られる人民日報系国際時事専門タブロイド紙）にハマりました。西安から上海に移ってからは読まなくなったけど。西安にいたときは、よく飛行機で出張していたんですが、機内には『環球時報』しかなかったんですよ」

　今はこのように振り返る。

「ある場所のある良い人をどうにかして悪く書く。それが中国ではできるんです。毎日、毎年、長期にわたって蓄積していく。それで本当だと思ってしまうんですね。反対の声もないし。国内はたった1つの声しかないです。全部洗脳です。ネズミ講と同じ道理。あれは良い、これは悪いで。何事であってもみんなまず善悪に振り分け、時間をかけて固定した考えを形成していくんです」

郭氏は米国発祥の某自動車部品会社に転職し、上海へ転勤する機会を得た。そこで価値観の大転回を経験したのだった。勤め先が外資だったので外部情報へのアクセスができたのだ。毎夜、同僚が帰った後にオフィスでこっそり「翻牆《ファンチャン》」（グレート・ファイアーウォールを飛び越えること）することに夢中になった。

「私が本来持っていた価値観とは大きく異なるものがたくさんあったからですよ。もちろん、大げさなものやフェイクもありましたが、私はそれまで自国メディアのニュースを信じていたし、私の理解では、それは全て真実であるべきでしょう？　私の国ではそう教えられてきたんです。でも、全てが180度正反対だったんです。

やめられません。非常に混乱し、無力感を感じましたが、それでもまた見たいんです。あのころ、自分が歩くゾンビのようになった気がしました。いつも気が散っていて。それで、自分の価値観が崩壊してしまったんです。どうやって他人と接すればいいんだって感じですよ」

さらに上海では、週末に日本人駐在員らとサッカーに興じるなど、日本的なものに接する機会も増えた。日本に「潤」してくる人々の中で、日系企業の進出が目覚ましい江浙沪(江蘇《こうそ》省、浙江《せっこう》省、上海市の総称)が目立つのは、日本とのつながりがもともと深かったことも関係しているのだろう。特に、上海は中国で日本人が最も多い都市で、市内には、3075軒もの日本食レストランがある(ジェトロ情報、2021年4月時点)。

郭氏にとっては、2022年春に上海で厳しいロックダウンが実施されたことが「脱中」の引き金となった。

上海は中国で最も国際的な大都市であるという認識が崩れました。

——当時、生活はどうでしたか?

3カ月ずっと団購《トゥアンゴウ》(グループで商品を購入するサービス)に頼りっきりでしたね。妻がネットショッピングの達人だったので、食べ物には困りませんでした。夜中の2時とか3時とかにゲットするんです。だから冷凍庫はずっと満パンでした。

ただ、ずっとマンションの小区からは出られなかった。一方で、会社から給料がずっと出続けたのは不幸中の幸いだった。

15才の息子は上海市内の私立学校のインターコースに在籍していた。だが、いつ出国に制限がかけられるかわからないという危機感から、子供の卒業を待たずに海外移住すべしとの考え方が保護者の間で広まった。遅きに失するよりはいいというわけだ。他の同級生の家庭も、カナダ、米国、ニュージーランドなどへ次々と移住していった。

「息子のガールフレンド一家もオーストラリアに引っ越しました」

２０２２年から２０２３年にかけて、同じクラスの生徒の３分の１が中国を去ったという。

そのほかにも、中国で近年強化される教育への締め付けも「脱中」を決める一因となった。郭氏の息子の通っていたインターコースでも政治思想の授業が中国語で強制的に実施されるようになった。２０２２年には上海市の一部で、インターを含めた私立校に通う学生の比率を全体の５％まで引き下げる方針が示された。

息子の教育を考えて、なるべく早く移住したかった。米国に投資家ビザで移住することを考えていたが、その当時、米国ではビザの発行が絞られていたため、半年以上かかりそうで、しかも取得の保証もないことから日本が選択肢として急浮上した。

２０２３年、東京で仕事が見つかったことで、郭氏は妻と息子を連れ日本へ拠点を移した。技術・人文知識・国際業務ビザは申請から取得までたったの１カ月ほどだった。

「日本の高齢化については知っていました。外国人がやってきて働いてくれることを望んでいるんでしょう」

と、日本が中国人移民を受け入れるのは当然と言わんばかりの口ぶりだ。

金銭的にはかなり余裕がある。

「移住してくる前に、西安で所有していたマンション2軒を売却しました。価格は下がりはじめていたけどね」

それ以外にも、2016年に早々にテスラの先見性に目をつけ株を買っておいた。株の取引は香港なので、大陸に資産を保有し、その移転に日々頭を悩ませている多くの中国人と違い、資産を日本へ持ってくることも容易だった。

息子は、都内のインター4校については不合格だったり条件面で折り合わなかったりしたものの、最終的には横浜のインターに通うことが決まった。郭氏一家は、そのオファーを待ってJR横浜駅近くの一軒家を購入した。長身の息子はアメフトといったスポーツが得意で、将来は米国の大学に通ってくれればと父は希望する。

日本のインターが中国人だらけに

郭氏のような人は例外ではなく、近年、東京を中心として、日本のインターに中国人が殺到するようになっている。

「先日、アメリカンスクール・イン・ジャパン（東京都調布市）の説明会に行きましたが、参加していたのは8割がた中国人のようでした」

子供のインター進学を検討している日本人保護者は語る。

インター受験生・在校生専門の学習塾EGCISの斎藤幸塾長によると、日本のインターに通う中国人が目立ってきたのは5年ほど前から。今では、EGCISには中国人保護者から週1回のペースで問い合わせがきており、その中には中国大陸から直接というケースも多い。

「上海、北京、広州といった大都市に在住していて、親は英語や日本語も話せる裕福な家庭」という共通点があり、日本に来てすぐにレッスンが始められるよう希望する保護者もいるとのこと。EGCISでは在校生の約10％が中国系となっている。

そもそも、中国でインターはどのような位置づけなのか？　いつものように、まずは「潤」してきたメディア関係者で友人の郭氏に尋ねてみた。彼によると、中国のインターの中には、「貴族学校」と言われ、施設こそいいものの教育の質が学費の高さに反比例するような学校が少なくないそうだ。

娘（グレード3、小学3年に相当）が都内有名インターに通う中国人女性は、「特にコロナ後、中国人の比率が大きく伸びました」と言う。競争率が相対的に低いプリスクール（インターの中でも未就学児を対象）で特に増えているとのことだ。

別の中国人女性は、娘（グレード10、高校1年に相当）が通う横浜のインターでは、中国人の比率が（内規で出身国別の上限に定める）25％に近づいていると話す。

「保護者用の WeChat グループに新しいメンバーが次々と入ってきています。みんな小学部低学年の保護者ですね」

中国における「日本インターブーム」を受け、すでに中国人向けのコンサルティングサービスが誕生している。

そのコンサルは、1対1の相談を1時間当たり788元（約1万6200円）で請け負う。また、「年間プラチナＶＩＰ」という最上級コースには、学校選び、学校参観の予約、時間無制限の相談、志願書作成の代行、保護者または子供との英語面接といったサービスが含まれ、料金は1万8000元（約37万円）。

決して安くない金額だが、それでも中国版 Instagram の「小紅書」を通じた問い合わせが尽きない。

実は、日本に「潤」したばかりで日本語がほとんどできない前出の郭氏もこの「年間プラチナＶＩＰ」を利用した。郭氏自身がそうであるように、「潤」でやってくる面々には日本の事情に詳しくない人が数多く含まれている。みな必死なのだ。

そのコンサルを経営する中国人女性にあるとき直撃した。ちなみに、この経営者の子供も、東京都内にある有名インターに通っている。

「上海ロックダウン以降にお客が激増し、5倍とか10倍になりました」と明かす。２０２３年の夏からは別の中国人ママをアシスタントとして雇ったほどの盛況ぶりだ。

日本のインターの学費が安いのも人気の一因となっているようだ。

「中国のインターと比べると学費が半分くらいです」と彼女は言う。私が見つけた小紅書に投稿されたある人気ショート動画では「日本のインターの学費は高いと思うでしょう？いや高くないんです」と紹介されていた。

実際、International Schools Database の世界76の都市を対象としたインター年間費用ランキングで、北京は2位、上海は3位となっており、中央値はそれぞれ３万６２４３ドル（約５４４万円）、約３万４１２６ドル（約５１２万円）。東京は20位で1万５２５４ドル（約２２９万円）。つまり半額以下なのだ。

いまのところ、都内の人気インターではまだ中国人の比率はそれほど上がっていない。中国人保護者の立場からすると、競争率の高い都内有名インターは「チャレンジ受験」。横浜など近隣都市のインター、もしくは東京や地方の新設校への進学が現実的なチョイスとなっている。

アメリカン・スクール・イン・ジャパンは私の取材に、

「過去10年で中国のパスポートを保有する生徒の申請者・入学者が増えました。２０１３

〜14年度は中国のパスポートを保有する生徒で入学したのは2人でしたが、2023〜24年度は23人でした」と回答した。

日本人が気づかぬ間に熱を帯びる中国人インター受験戦争。日本のインターの歴史を振り返ると、バブル期には多くの外国人駐在員が子息を通わせ、その後の経済停滞期には日本人生徒が多く通うようになり、近年では日本人富裕層の間でも人気が高まってきていた。だが今後は、また別のフェーズに突入し、中国脱出組が主要な顧客になっていくだろう。

「日本のインターへ行く中国人の数は、習近平が死ぬまでは増え続けるでしょうね」

中国で学校法人を運営する有名な教育者と都内で立ち話をしたとき、彼女は呆れ顔でそう話していた。彼女はさらに前日に李克強が死去したことを受け、「別の人が死ぬべきだった」と吐き捨てるように言った。その語気から、別の人とは習近平国家主席のことを指すのだとすぐに理解した。

いずれにせよ、隣国から富裕層が安心で安価なインター教育を求めて移住してくるトレンドはしばらく変わりそうにない。

中学受験で躍進する中国人の子供たち

年々激しさを増す中学受験に、新たなプレイヤーが目立つようになった。中国にルーツを持つ子供たちだ。首都圏で中学受験をリードする存在である大手塾ＳＡＰＩＸでの躍進ぶりがそれを象徴する。

ＳＡＰＩＸは首都圏における中学受験の4大塾（ＳＡＰＩＸ、日能研、四谷大塚、早稲田アカデミー）の中でも、難関校の合格者数で群を抜いている。単に問題を解くというよりは、思考力を高める独自のカリキュラムで定評があり、定期的に組分けテストを行うスパルタ教育で知られる。

２０２2年度までＳＡＰＩＸに娘を通わせていた東京城西のある住宅地に在住の中国人ママ、黄麗敏《こうれいびん》氏（仮名）に話を聞いた。一緒に外を歩いているときに、この近所には特にインテリで教育熱心な家庭が多いと自慢気味に教えてくれた。

「当時ＳＡＰＩＸには1学年あたり６０００人を超える生徒がいて、そのうちの３００～４００人は中国人でした。最上位のアルファクラスにいたことがある中国人生徒も、私が知る限り60人ほどいます」と、流暢な日本語でそう話す。

なぜ、そんなことがわかるのか。実は、子供をＳＡＰＩＸに通わせる中国人保護者によるWeChatグループがあり、そこに掲載されたＳＡＰＩＸのテスト結果を黄氏が独自に集計したのだ。

実際に、小紅書には、ＳＡＰＩＸの成績優秀者表彰状と成績表が数多く投稿されていて、総合１００位以内の生徒もちらほらいる。中には総合成績で「６７２９人中2位」の生徒もいる。さらに別の中国人保護者は、「4年生で取った複数の『学年1位』の記念に」と投稿している。保護者の母語が日本語ではないことを考えれば、驚くべき成績だ。

在留中国人の子女が中学受験に殺到する背景としては、1990年代以降に増加した中国人留学生が家族を形成し、その子供が受験期に入ってきたことが挙げられる。

1990年代末に来日した黄氏もその1人だ。出身は日本と歴史的な結びつきの強い東北地方のある省。同じく日本に留学に来ていた中国人男性と結婚した。

黄氏には苦い記憶がある。いまは高校生になっている長男が小学校時代に受けたSAPIXの入塾試験に不合格だったのだ。小学校高学年ともなると入塾テストの難易度が上がり、SAPIXには入りにくいということを知らなかったためだ。

そのため長女には小学1年から公文に通わせたうえで、小学4年から小学6年にかけてSAPIXに通わせることに成功。それだけにとどまらず、小学5年で個別指導、小学6年で受験Dr.を利用するなど、全部で600万円を「課金」するほどの熱の入れようだった。おかげで2023年春、いま人気が急上昇している神奈川の私立中高一貫校に無事合格した。

黄氏には、息子と娘を連れて中国に帰国していた時期もあった。しかし、中国の教育環境についていけず、3年ほどで日本に戻ることにした。

「中国では学校の内部に人脈がないと、何事もうまくいかないんです。つねにアンテナを張って注意しておかないと、詐欺にあったり、人間関係で思わぬミスを犯したりします」

中国の厳しいコロナ対策を日本から眺めていて、ますます中国での子育てはありえないと考えるようになった。

黄氏のような発想は決して例外的ではない。そして、日本で育てるからには、そのなかでトップを目指すのが中国人だ。男子であれば、SAPIX経由で筑波大学附属駒場、開成、麻布、女子であれば、桜蔭、豊島岡、女子学院、雙葉といった名門校を目指すことがもはや当たり前になっている。

黄氏は、SAPIXのなかでも吉祥寺校、王子校、お茶の水校、東京校、武蔵小杉校などには中国人の生徒が多いと話す。

小学1年の子供を東京都心のSAPIXに通わせる別の中国人ママは「校舎全体の中国人比率は15％ほど」と証言。さらに、東京北部のSAPIX校舎に勤める教師は「年によっても変わりますが、（中国にルーツを持つ生徒の）比率は25％くらいです」と認める。

「裏SAPIX」という独自の情報網

私立受験はよく「情報戦」と言われるが、中国人の団結力は桁違いだ。日本人の全くあずかり知らないところで独自の情報網を発達させている。実は、SAPIXに子供を通わせる中国人は前出のWeChatグループで「裏ＳＡＰＩＸ」とも言えるようなシステムを構築しているのだ。

もともとは学年ごとに、情報交換のためのWeChatグループが数多く存在してきた。しかし数年前に、広い人脈を持つ中国人保護者がリーダーとなってこれらを統一。これによって先輩から後輩へと情報を継承することが可能となった。

「裏ＳＡＰＩＸ」グループの巨大化に伴い、内部でも競争が熾烈になってきた。

「親同士でも、子供同士でも階級ができちゃいます」と、黄氏。成績以外にも、収入など社会的条件で誰が上で誰が下かという意識が生まれるそうだ。

本物のＳＡＰＩＸと同じように、子供の偏差値に応じていくつかの小グループに分けられている。例えば、黄氏は上から2番目に当たる「偏差値55～60」のグループに所属していた。そして、これも本物のＳＡＰＩＸと同じように、テストの結果に応じて定期的にメンバーの入れ替えがあるのだ。

その小グループでは、ＳＡＰＩＸの宿題に加えて、当番の親が毎日交代で子供向けに算数の問題を出すことが義務付けられていた。子供の解答を写真で撮ってメンバー同士で答え合わせをするのだが、「問題を3回やらなかったり、提出が遅れたりすると、その親がグループから追放になります」という厳しさだ。

さらに年に数回、Zoomで中国人保護者の先輩が自分の経験やノウハウをシェアする仕組みもあった。どんな苦労があったのか、どのように毎日を過ごしていたのか、どの先生がいいのか、一番効率がいい勉強法はどういうものか、ひいては過去問や志望校の内情まで、ありとあらゆる情報がシェアされる。

先輩後輩間の私的なやり取りも盛んで、日本人より圧倒的に縦のつながりが強い。会費をとって特別なセミナーをする保護者もいるそうだ。中国で過熱する受験競争が日本へ伝播してきた側面もあると言える。

実際、中国系の生徒が増えているのかを学校に尋ねると、男子御三家の筆頭である開成学園からは「中国を含む海外にルーツを持っている生徒が増えている感覚はあり、全体の5～10％程度と考えております」との回答があった。

麻布学園からは「学外の相談会に参加した印象では、昨年ぐらいは中国系の方が多くいらっしゃったように思う」とのコメントがあった。

そもそも中国人の教育熱はどのように生まれたのだろうか？

中国のトップ大学の卒業生で、子供を東京で最難関の私立中高一貫校の一つに通わせている女性によると「北京大学のような中国の難関校に合格するよりも東大に入るほうがずっと簡単」だそうだ。

「まず学齢人口の規模が全然違います。そして中国人は全員が『鶏娃《ジーワー》』です。日本でそういう人は一部だけですから」

「鶏娃」という俗語は、極端に教育熱心な親のことを指す。学問で官僚を選抜する「科挙」の伝統がある中国には、教育しだいで運命は変えられるという考え方が強く根付いている。新中国成立後も、1990年代ごろまでは努力次第で底辺から上に登りつめられるという感覚があった。

だが、いまや特権や「関係《グァンシー》」がなければ良い学校に入れないという風潮ができつつある。また中国の全国統一試験では長年芸術加点があったこともあり、子供にバイオリンやピアノなど日替わりで習い事をさせることが一般的になった。教育のコストはうなぎのぼりだ。中国人の過激な教育方針を描き、米国でベストセラーになった2011年刊行の『タイガー・マザー』の作者で在米華人エリートのエイミー・チュアはこのように説いた。

子供がテストでAマイナスを取って帰宅したとします。欧米人の親なら十中八九、子供を褒めることでしょう。でも中国人の親の場合、非常にショックを受けて、どこが間違っていたのかを子供たちに問いただすのです。(中略) 中国人の子供がBを取ったと仮定するならば――まずあり得ませんが――まずは叫び声をあげ、次に頭をかきむしって感情を爆発させることでしょう。打ちひしがれた母親は、数十の、いえ数百の練習問題を準備して、子供がAを取るまで、つきっきりで勉強させることになります。

現在、子供を中学受験させているのは留学生出身の長期在住者が主体だ。いま中国からは新たに日本への移住を目指す「新移民」の動きが加速している。いずれ彼らが中学受験に参戦することがあれば、戦線はますます過熱するかもしれない。

そこでの勝者は、私立のトップ校を経由してさらに名門大学を目指すだろう。中国にルーツを持つ人々がやがて日本のエリート層に大きな地歩を占めるようになることを予感させる。

子供を追い込む中国式教育

インタビューが2時間を超えたころから、グレースはようやくここ数年の中国における異常とも思える教育環境の悪化ぶりについてより具体的に話しはじめた。

「英語教材で以前はソクラテス哲学を扱ったりしていました。それが中国の都市がどれだけ素晴らしいかという内容に変わりました。前だったら、『英国の地下鉄は１００年以上前にでき、そのころ中国はまだ清朝だった』なんて話も教室でできたのですが。教材の内容がだんだん入れ替わってきています」

詰め込み式で、うつ病になる学生が後を断たない。子供が追い込まれて精神的に崩壊していても親は「強固な体を持つような男児がいったいなぜ」という反応だという。さらには2018年には自分の高校で自殺する生徒が出た。

「これはあなたのとくダネですよ」と、彼女は付け加えた。自殺については、一切国内で報じられていないからだ。

中国科学院心理研究所の「中国国民心理健康発展報告（2019－2020）」によると、青少年のうつ病検出率は24・6％に上った。2021年には、学覇《シュエバー》（秀才）と世間に囃《はや》し立てられた広東省広州市出身の張一得《チャンイードー》（19才）が留学先の米国で自殺したとされ話題を呼んだ。シングルファザーでもある彼の父親は、仕事を辞め、辺鄙《へんぴ》な場所に引っ越し、厳格な管理のもとで息子を育てあげ国内で尊敬の眼差しを浴びていたのだった。

また、2024年1月には、「江蘇《こうそ》省で5人の生徒が相次いで飛び降り自殺した影響で、高校の冬休みが25日間に延長される」という噂がネットを駆け巡った。

グレースは語る。

「中国ではそういう自殺の統計すらありません。同僚の先生たちは何も反省してませんでした。学校の校舎に入るとき、すごく奇妙な感覚がありました。中国でまともな教師でありつづけることは難しいです」

子供に少しでも良い教育環境で学んでもらいたい、そんな切実な思いで来日する中国人の姿が見えてきた。

他方で、前章で見た不動産の「爆買い」もそうだが、新移民の全体像をつかむ上で、欠かせない第2の要素が「資産の保全」だ。

だからこそ、中国人企業家がこぞって日本を拠点とするようになってきている。関係者の証言から、普段は窺い知れない中国人大富豪たちの意外な生活ぶりが浮かんできた。

第4章　引退組企業家安住の地

2020年2月12日午前　北京市

「28才の終わりに引退することを選んだ」――、こう題した微博《ウェイボー》の投稿が中国で波を打つように広がっていった。

若くして財務自由《ツァイウーズーユウ》、提早退休《ティーザオトゥイシュー》（ＦＩＲＥ）を実現したエンジニアの郭宇《グオユー》氏は、この投稿の中で、これから享受する予定の日本の生活がどれだけ豊かかを詩的に表現していた。

「日本で暮らすことを選びました。山の湧き水や渓谷の風を抱きしめ、春には桜の花見を楽しみ、夏には高山の草原をハイキングし、秋には野山に満ち満ちる紅葉に埋もれ、冬には雪が舞う温泉に浸かり、四季の寒暖や時節の変遷を体感するんだ」

雑誌『人物』などがインタビュー記事を掲載するなど、中国では多数のメディアが彼の決定をセンセーショナルに報じ、一躍時の人となった。知乎《ジーフー》（Yahoo!知恵袋のような質問と回答が閲覧できるプラットフォーム）の「弱冠28才の郭宇氏が字節跳動《ツジィエティアオドン》（バイトダンス。TikTokの運営会社）を退職したことをどう思いますか」との投稿は論争を呼び、閲覧数は1000万を超えた。

日本内外で豪遊する日々

指定された東京・神宮前のおしゃれなカフェの前の歩道で郭宇氏の到着を待っていると、すぐ横の車道を2台の右翼街宣車が大音量で音楽を放ちつつけたたましく通り過ぎていった。彼がどんな格好でどのようにしてやってくるのかに興味があった。結局彼は、1つ先の角から曲がり込んでとことことこちらのほうへ歩いてきたのだった。

LVと印字されたルイ・ヴィトンのキャップを被り、質の良さそうな白いセーターを身につけていた。若い女性ばかりの狭い店内で、私と反対側の壁側ソファー席に座ってもらった。テーブルの下に置かれた荷物入れに自分の荷物ではなく、私のバックパックを入れるよう勧めてくる。私が名刺を差し出すと、郭氏は名刺を持ってきていないことを詫《わ》びた。

話をしてみると、想像以上の常識人で、地に足がついている好青年だ。こちらが何を問いかけても、億劫《おっくう》な表情を微塵《みじん》も見せることなく、丁寧にそして理路整然と答えてくれる。本人が語ったように、普通の日本人の友達がいるのだろう。日本語の発音もきれいだ。

郭宇氏は、中国南東部の江西省出身。子供のころにハイテクで知られる深圳市に移り住んだ。大学受験が終わるやいなやプログラミングに挑戦する。その後、名門曁南《きなん》大学に進学し、在学中にアリペイでインターンを始めたのだった。２０１３年にはアリペイを離れ、友人が北京・中関村で始めたスタートアップに加入した。そしてその会社が程なくしてバイトダンスに買収された。

――経歴を拝見すると、ターニングポイントは高３でプログラミングを始めたことのようですが、深圳ではこうしたことは普通のことなんですか？

高３で突然やろうと思ったわけじゃないんです。深圳の子供たちはそんなに早くお金を稼ごうとは思わないですよ。大学とか大学卒業時ではないですかね。

父が10年以上寝たきりで、それから植物人間になったんです。だから、僕の家には大きなプレッシャーがありました。家に帰りたくなかったんです。故郷に帰ってそうした一切を目にするのは辛かったですから。だから、せめて自分でお金を稼ごう、住める場所を持とうと思ったんです。シンプルな考えです。

いまや、郭氏はその夢を完全に実現し、堂々たる資産家となった。そもそも退職を決めた理由の1つは、日本の不動産収入が自分の労働収入を上回ったことにある。今は、都内に自宅を2軒購入済みのほか、長野県安曇野市と沖縄県の宮古島にも借家を持つ。季節ごとに住む場所を変えているのだ。例えば、花粉のひどい春には沖縄で過ごすといった具合に。

少し前には、３０００万円でマイバッハの自家用車を購入した。また、ＪＲ東日本の運営する豪華列車「TRAIN SUITE 四季島」にも2度乗ったことがある。２０２３年から２０２４年にかけての年末年始には、タヒチのプライベート・アイランドに2週間滞在したばかりだ。その旅費はしめて１２００万円。こうした断片的な情報から、彼がどれほどお金持ちかはなんとなく想像できるだろう。

郭氏は、２０２１年から２０２２年にかけて、中流階級にとっても超富裕層《スーパーリッチ》にとっても、日本が移住先として「選択肢の1つ」に入ってきたと分析する。

> 超富裕層の（中国政府に対する）信用レベルは大きく傷つきました。信用は非常に重要なものです。つまり、中国政府による（コロナ以降の）このような難しい政策が、中国にある彼らの資産の安全性に不信感を抱かせる原因となっているのです。

そのため、超富裕層は、さまざまな手段を使って、人民元の資産を徐々に海外に移しはじめています。中流階級と超富裕層の両方が、海外移住をリアルなチョイスだと考えはじめているわけです。そして、何をすべきかを考えはじめるとき、彼らはさまざまな国をリストに入れるでしょう。その中には日本も含まれるはずです。なぜなら、日本の経済は徐々に回復しているからです。中国の現在の経済動向とちょうど逆です。

――2020年に日本に移住した選択は正しかったと思いますか？

そのころはまだパンデミックが本格化する前だったということに触れつつ、郭氏はこう答える。

完全に個人的な観点からの決定でした。生活の質がより良く、私有財産権の保護がよりしっかりしていて、同時に政策がより安定していて、変化があまり速くない場所を探していたんです。一般的な生活の質、食や文化、消費レベル、不動産、借り入れのコストという点で、僕は非常に明確な評価尺度を作り、そして僕が行ったことのある全ての国をリストアップしました。そうすると、最も高く評価された国が日本だったんです。

——日本にはずっといるつもりですか？　それともどこか他の国に行くかもしれませんか？

私の現在の計画は、ずっと日本に住むことです。僕たちの会社で作っている商品も日本市場向けです。何よりも自分を酷使したくないです。10年以上北京でがむしゃらに働いてきたので。

後に、同じく日本への「潤」を考えているバイトダンスの現役社員からこんな逸話を耳にした。今では労働環境は改善したものの以前は過労死が相次ぎ、「バイトか心臓か、ダンスできるのは2つに1つ」という笑うに笑えない流行文句があった、と。ITエンジニアの労働環境は中国より日本のほうがずっといいというのが共通認識のようだ。

日本国内の有名温泉はほぼ制覇したという郭氏は「何時間でも語れる」ほどの温泉マニアで、一時は温泉旅行社の運営を真剣に考えていたほどだ。そう言われてみると、目の前の郭氏は肌が赤ちゃんのようで、ツヤツヤしていた。

ジャック・マーのお忍び生活

日本に身を寄せる中国人企業家の代表格が、ジャック・マー（馬雲）氏だ。
週刊誌『FRIDAY』２０２２年12月２・９日号（11月18日発売）が、「箱根の大豪邸で悠々自適生活」と伝えた。盟友でソフトバンク創業者の孫正義氏から延床面積２０００平米を超える物件を譲り受け、大好きな寿司を堪能する日々を送っているとの内容だった。続く、同年11月29日には英紙『フィナンシャル・タイムズ』が後追いし、マー氏が「東京の中心部に半年近く滞在」と詳報した。家族と一緒に東京郊外の温泉地やスキーリゾートに滞在しているなどと暴露した。

マー氏は専属シェフと警備員を同行させつつ、公の活動は最小限にとどめるなど東京滞在中は目立たないよう努めている。彼の居場所を直接知る関係者はそのように語った。マー氏の社交活動の中心はいくつかの会員制クラブで、１つは東京のおしゃれな銀座にあり、もう１つは皇居に面した丸の内の金融街にある。（中略）日本の現代美術関係者によると、マー氏は熱心なコレクターになっている。マー氏に近い中国在住の友人たちは、中国や世界各地の高官との会合の合間を縫ってジェットセッターのように飛び回る熱狂的な公的生活から退くことを余儀なくされた後、マー氏は暇つぶしに水彩画を描くようになった、と語った。(同紙)

翌年2023年5月1日には、マー氏が東京大学傘下の研究組織「東京カレッジ」の客員教授に就任したことが発表された。マー氏に対する期待として、重要な研究テーマに関する助言や支援、特に持続可能な農業と食料生産の分野で、東大研究者と共同研究や事業を実施すること、さらに講演や講義を通じて、起業、企業経営、イノベーションなどの経験や先駆的知見を学生や研究者と共有することが言及された。

マー氏の客員教授就任について、東京カレッジ内部の関係者は2024年1月に筆者に対して、「孫正義さんと対談したのがきっかけ」と説明した。これは、2019年12月6日に安田講堂で東京大学と韓国崔鐘賢学術院が共同開催した東京フォーラムの特別対談のことだ。

「そのときに向こうからアフィリエーション(所属)を求めてきたんです。(就任以来)まだあまり貢献はしてもらってませんが。今度またお会いすることになると思います」

この時点で「東京カレッジ」の公式サイトで確認できたのは、マー氏が2023年6月に少人数の若者向けの特別セミナーで講師として登壇したという情報のみだった。

ジャック・マー氏の半生は、中国経済の黄金時代の到来から黄昏《たそがれ》までと軌を一にする。

その経歴から本人が日本に移ってきた背景も窺い知れる。

1964年に浙江《せっこう》省杭州《こうしゅう》市で生まれたマー氏。子供のころに市内にやってきた留学生や観光客から英語を学び、その中で「ジャック」という通称を得た。大学受験に2度失敗した後、1984年に杭州師範学院大学に入学。最初のキャリアは杭州電子工学院での英語講師だった。大学を辞めると、翻訳会社「海博翻訳社」を設立したのだった。1995年に政府視察団の通訳として初渡米し、インターネットに触れたことが後の人生を決定づけた。

同年、故郷の杭州で中国初のインターネット会社「中国黄頁」を始動させる。1997年から一時的に北京に居を構えていたが、その後杭州に戻りアリババを設立した。

1999年10月にソフトバンク創業者の孫正義と出会い、瞬時に意気投合した。5分ほどで出資を決めた孫氏は「彼の目にカリスマを見た」と振り返る。その後、お互いの会社の取締役を務めるなど名実ともに盟友となった。

2人の絆は深い。マー氏は孫氏をこのように冗談めかして評する。

「私と彼の違いは、私は非常に賢そうに見えるかもしれませんが、実際にはそうではないことです。あの男は本当に賢そうには見えませんが、非常に賢い人です」

初期のアリババ社員であるショウ・ユアン氏は、この2人の創業者兼CEOの関係について興味深い見解を持っている。

「孫さんは非常に自信家で、自己陶酔しているところもありますが、見た目は常に謙虚です。彼は狂気じみていますが、マー氏もまた狂気じみています。狂気じみた人々が互いに惹かれるのはよくあることです。」(*Alibaba: The House That Jack Ma Built*(未邦訳))

アリババは、タオバオ、アリペイ、Tモールといったサービスを次々と開始し、中国ITブームの波に乗った。時には規制をめぐって政府とやり合う場面もあり、哲学ある企業家として国内外で尊敬の眼差しを浴びてきた。中国共産党は江沢民時代に「3つの代表」を採用し、私営企業家の入党を認めるなど、中国経済の市場化が進んだ時代だった。

マー氏は、中国政府と付かず離れず一定の距離を維持してきた。しかし、2013年には香港の『サウスチャイナ・モーニング・ポスト』紙に政府による天安門事件への対応に賛同するかのような発言をしたと報道され、波紋を呼んだ。一方で2018年には中国共産党機関紙『人民日報』の「中国の経済発展に貢献した100人」リストに登場し、マー氏が共産党員であることが判明した。

いまや、アリババが目標としてきた3世紀を跨いだ存続という夢の実現には黄色信号が点っている。マー氏は2019年にアリババ集団の会長から退いた。2020年には、当局に批判的とも取れる発言をした後で、公の場から一時姿を消したこともあった。まさに「神隠し」である。最終的には、アリババ集団傘下のアント社の上場が取り消される事態にまで発展した。以降、アリババの時価総額は下降線を辿る一方だ。

民間企業のチャンピオンであるアリババの暗転は、習近平氏の指導のもとで進行する国進民退を象徴するような出来事だ。２０２１年には所得格差の縮小を目指す「共同富裕」というスローガンが出現し、大手ＩＴ企業への締め付けも加速する一方だ。そうしたビジネス環境の悪化もあり、２０２３年には、外国から中国への直接投資は前年比81・７％の大幅減を記録した。

マー氏は日本に特別な思い入れがずっとあるようだ。コロナ禍が始まったばかりの２０２０年３月には、感染の広まっていた北海道を含めた日本各地に計１００万枚のマスクを提供した。

日本での暮らしぶりはどうなのか。多くの噂を聞いた。

「六本木に部屋を持っています。本人名義じゃないかもしれないけど。見かけた人がいるんです」と、ある中国人ママ。

「ジャック・マーは港区のマンション最上階に２部屋持っていますよ。友達に、中国でジャック・マーの不動産資産管理をしている人がいるんです」と、ある中国メディア関係者。

「銀座や六本木でよく目撃されています。銀座でそれほど高くないレストランで食事をしていますよ」とは、在日歴の長い中国人金融関係者の証言だ。

日本の不動産会社と上海の複合企業、復星国際に勤務経験のある中国人G氏が不動産を管理しているという話も囁かれている。

アリババの幹部が北海道でたびたびミーティングを開いているという話も聞いた。別の日本人事情通は「北海道でよくゴルフをやっていると聞いた」と言う。

さらに、2023年には、小紅書《シャオホンシュー》で麻布台ヒルズレジデンス高層階の内装工事をしている様子の動画でジャック・マーの部屋ですと紹介するものがあり話題となったが、その後なぜか削除された。

実情は朧《おぼろ》げながらにしか見えてこない。

日本びいきの不動産王

ジャック・マー氏と並んで、日本に長く滞在することが多くなったのが不動産開発会社「万科」創業者の王石《ワンシー》氏だ。日本ではあまり知られていないが、哲学をもち一家言ある人として知られ、中国ではジャック・マー氏に引けを取らないくらい尊敬されている改革派だ。企業家として名を成した後でも、ハーバード大学やケンブリッジ大学で研鑽《けんさん》を積んだほか、エベレスト登頂に2度成功した登山家の一面もある。

この2人が日本に滞在することのインパクトが大きいのは想像に難くなく、中国人企業家が日本を「再発見」するようになったきっかけともなった。

私が手に入れた登記によると、王石氏とその妻、田朴珺《ティエンプジュン》氏は素晴らしい夜景が目前に望める都心のあるタワマンの高層階に居を構えている。東京で王石氏を交えて食事をしたことのある中国人男性は、彼の生活ぶりについて「本をよく読んでいます。日本文化に強い関心を持っているようだ」と話す。

彼の半生を振り返ってみよう。

王氏は1951年、広西チワン族自治区柳州市生まれ。父親が鉄道局で働いていた関係で、少年時代は河南省で過ごした。17才のときに徐州で入隊し、5年後に復員した。その後、中国北西部に位置する甘粛省《かんしゅくしょう》の蘭州《らんしゅう》鉄道学院で排水について学んだ。卒業後は広州鉄道局に技術者として配属され、鉄道沿線の土木プロジェクトを担当した。

万科の前身はビデオデッキなど家電の輸入代理店だ。もともと国有企業だが、当時33才だった王石氏がトップに就任した。1980年代後半、万科は不動産業に参入していく。中国で国有企業改革が始動すると、中国でいち早く株式の発行に動き、1991年には誕生したばかりの深圳証券取引所に上場した。改革開放の申し子のような会社だ。本拠地の広東省深圳市のみならず、中国全土で開発プロジェクトを拡大させていった。

興味深いことに、詳しく調べてみると、王石氏は天安門事件にかかわっていたとされることがわかった。米『ワシントン・ポスト』紙の記事にこのような記述がある。

1989年、王石はどん底に落ちた。その年の5月、100万人以上の人々が北京をはじめとする中国の各都市の通りに集まった熱狂的な日々にあって、中国万科の王社長は、自由を求める行進に従業員を率いて参加した。

この行進によって、彼は1年間の獄中生活を送ることになった。王は、当時7才だった娘が月に一度、妻と一緒に刑務所に通っていたことを思い出した。母は娘に父が刑務所にいることを告げず、ただ叔父に会いに行くのだと言った。刑務所で娘は犬と仲良くなった。刑務所の規則で、娘を施設内に入れることはできなかった。

「だから私は犬を連れた叔父さんになったんです」

王石はそう言いながら苦笑いを浮かべた。

(中略)王石は政府に反対する政治運動に参加したことは間違っていたと言う。

「私には、政治よりも重要な株主に対する責任があります」彼は言う。

「大企業の最高経営責任者が、従業員を率いて政府に対する政治的抗議を行うのは、あまりいいことではありません。私は完全に自由な人間ではないのです」(同紙1999年6月4日付)

その9年後、『ニューヨーク・タイムズ』紙が掲載したインタビュー記事では、王氏はさらに天安門事件との距離をとった。

現在、王はその行為（デモに参加したこと）を知らないというのみならず、スポークスウーマンを通して、そのようなことがあったことも否定している。

王氏の名誉がどのように回復されたかは不明である。しかし、天安門事件の後、中国の支配者たちは、今日までこの国を縛る不文律の社会契約を結んだ。あなたたちが善良な市民のように振る舞い、政治を私たちに任せてくれるのであれば私たちはあなたたちが豊かになるのを助ける、というものだ。（同紙2008年4月6日付）

王氏は、日本にも縁の深い人物で、過去に幾度となく日本を訪れていた。もとより、万科は中国の不動産業界で初めて物件管理サービスを導入し、これはソニーのアフターサービスからヒントを得たのだった。日本の不動産会社と連携し、多くの社員を日本研修へ派遣するなど、隣国のノウハウを積極的に取り入れてきた。1994年の『日本経済新聞』の記事で、王氏は「ソニー、松下、トヨタのような大企業に育てるのが私の夢」と語っている。

著書には日本についてこのような記述がある。

私は日本で忘れられない経験を数多くしたが、最も印象的で刺激的だったのは、1995年の日本列島横断の旅だった。九州の熊本から車を走らせ、最初に立ち寄ったのは本州と四国を結ぶ瀬戸大橋だった。海に浮かぶ5つの島に架かるこの橋は、3つの吊り橋、2つの斜張橋、1つのトラス橋で構成されて、全長13・1キロメートル、海峡部は9・4キロメートル、全体の長さは37・3キロメートルに達する。9年の歳月をかけて建設された、世界の橋梁史に残る前例のない傑作である。橋の片側には小さな博物館があり、そこで何気ない手書きのスケッチが私の目を引いた。これは100年以上前、日本人技師が描いた橋のスケッチである。そのとき私はふと思った。清朝末期、中国の熟練した職人たちは、同じ時期に何を作ろうと考えていたのだろうか、と。(『大道当然――我与万科［2000～2013］』(未邦訳))

万科は2015年に「宝能投資集団」と呼ばれる無名の企業から敵対的買収を仕掛けられ、長期にわたって経営が混乱した。その責任をとってか、王氏は2017年には董事《とうじ》長を退いた。

日本での暮らしぶりはどうなのか。

王氏は、日本にいることをあまり知られたくないからだろうか、抖音《ドウイン》(中国版 TikTok)

で発信する際はどこにいるか、普段はわからないようにしているが、2023年1月に「低炭素でおでかけ」と題して東京で日比谷線に乗っている模様を珍しく投稿した。

2人のスター経営者からは共通点が浮かび上がってくる。まず、政治的には、今の中国政府と一定の距離を保っているように見える。そして、改革開放後に頭角を現し、中国経済の黄金時代を謳歌し、すでにひと財産築いている。さらに日本企業と関係があった、もしくは日本人経営者の哲学に共鳴している。また、クリティカルシンキングができ、中国でも尊敬すべき経営者として一目置かれている。

東京で息を引き取った企業家

2023年2月に、杉杉《シャンシャン》集団の鄭永剛《チェンヨンガン》氏が東京・渋谷区の広尾病院で亡くなったというニュースが中国を駆け巡った。「なぜ日本で?」というのが多くの人々の受け止め方だった。その後日本風の告別式が品川の会館で執り行われたことも驚きを持って受け止められた。

浙江省寧波《ねいは》市発の財閥グループ、杉杉集団も改革開放以来、日本と深いかかわりを持ってきた。サンエー・インターナショナルと合弁会社を設立したほか、2009年には伊藤忠商事が28%を投資した。日本の新聞報道によると、鄭氏は生前「提携は自分から持ちかけた」(『日本経済新聞』)「中国企業が手本としてきた米国よりも信用を重んじる日本企業に学ぶことが多い」（『朝日新聞』）と語っていた。

もともとはアパレル企業だったが、金融・不動産、果てはリチウム電池・太陽電池にまで多角的に事業を展開し、「日本の総合商社モデルで百年企業を目指す。国際企業の経営手法や経験を取り入れ、家族型経営から脱皮したい」（『日本経済新聞』）と、鄭氏が語っていた通りの成長ぶりを見せた。2022年にはLG化学の液晶パネル用の偏光板事業を買収。官民ファンドの海外需要開拓支援機構（クールジャパン機構）と組んで寧波阪急に間接的に出資したこともあった。

中国側の報道では、鄭氏は「早くから東京に数億円の豪邸を購入しており、亡くなる前は長年日本に滞在していた」と伝えられた。

私は、鄭氏と長年交流のあった在日中国人男性を見つけ出した。例の如く、知り合いの紹介でつなげてもらった。この人物もやはり「鄭氏が日本に来たのはコロナ前だと思う」と話す。

本人は亡くなる数日前に友人らとゴルフをする予定があったが、心臓の具合が悪くキャンセルになったそうだ。翌日にはミーティングなどの日程をこなしたものの、夕方友人らと食事後に鄭氏の自宅で飲み直す際に同氏はまた体調が悪くなり、動けなくなったらしい。

「周りの人は日本語が話せない人ばかりだったので困りました。結局、日本人の友人が駆けつけて病院に送ることになったんです」

病院で一度は意識を取り戻したが、数時間後に息を引き取ったのだという。

――鄭氏が日本に拠点を置くようになったきっかけは何ですか？

彼は寧波出身です。「寧波人は日本人で、日本人は寧波人」という言い方があります。遣隋使や遣唐使は西安に行き、日本語の書き言葉は西安の影響を受けたんですが、話し言葉については、寧波の影響を受けているんです。使用人が寧波に留まったので。

そう言って、寧波方言で数字を数えてくれた。1、2、3、4、5、6（イェ、ニー、セ、ス、ング、ロッ）。日本語とそっくりだった。寧波と日本の文化的つながりが、鄭氏が日本に関心を持つようになったきっかけだろうとこの男性は推測する。

有名ＩＴ企業家も相次いで目撃

日本に拠点を置く中国人著名経営者はまだまだ数多くいる。

日本に滞在することが多くなっているとされるのが、北京に拠点を置く大手不動産会社、兆泰《チャオタイ》集団の穆麒茹《ムーチールー》董事長だ。兆泰集団が手がけたプロジェクトでよく知られるのが複合施設の悠唐《ヨウタン》で、北京の外交部のすぐ裏に建っている。

彼女は都内中心部に家を持っている、とある日中事情通から聞いた。

兆泰集団も日本との関係が深い。2021年には、きらぼし銀行と業務提携するとともに、日中合弁でコンサルティング法人を北京に設立することを発表した。2023年には、同社に「在外公館長表彰」（日本大使表彰）が授与された。また、東京の神宮前にある不動産賃貸業を営む信源株式会社の登記には、取締役として「穆麒茹」の名前が掲載されている。

穆麒茹氏は中国であえて目立たないようにしてきたためか、国内でそこまでの知名度はない。いったいどういう人物なのか。

1951年生まれで北京出身。父親は国民党に加わった人物で、新中国設立後は、中国民主同盟のメンバーになったとされる。彼女は、文革真っ只中の1967年には内モンゴルへ移り、大草原で馬飼いとして働いていた。数年後北京に戻ると今度は小学校の教師を務めた。1983年には北京青年旅行社の設立のため奔走し、のちに副総経理にまで昇進した。勃興する経済に呼応するように、1993年には北京兆泰集団を設立。全国政協（中国共産党・各民主党派・各団体・各界の代表で構成される全国統一戦線組織）委員を何度も務めた。

一連の取材で、日本に身を寄せる民間企業家の名前を他にもいくつも聞いた。住むまではいかなくとも、有名企業家はほぼ全てが日本で不動産を買っているのではないかと思われる。

中国版ＧＡＦＡとも言えるＢＡＴの「Ａ」はアリババだが、そのほかの「Ｂ」（バイドゥ）や「Ｔ」（テンセント）のトップも日本と関係を持っているようだ。

日本でビジネスを展開する中国人経営者は、

「（テンセント共同創業者）馬化騰（ポニー・マー）氏は青山に物件を見に行っていました。彼と（バイドゥ創業者）李彦宏（ロビン・リー）氏は別々に京都のある有名日本人庭師に会ったんです。一見さんお断りで最初庭師の方は難色を示していたそうですが、お二人は日本庭園について詳しく、話が盛り上がったようです」と証言する。

豪邸に日本庭園を作ることを考えているのだろうか。いずれにせよこの経営者は、

「これくらいのレベルの人はみんな日本に不動産を持っていると思いますよ」と語る。

さらに、日中関係に詳しい専門家が匿名を条件に打ち明ける。

「（中国のＥＣ大手の京東《ジンドン》集団の創業者である）劉強東《リウチャンドン》氏が表参道に物件を見に行きました。2年前です。僕の友達が働いていたんです。中国で有名になりお金を持つことはリスクを伴います。善終《シャンチョン》（有終の美を飾る）の例は少ないです。

過去の首富《ショウフー》（ナンバーワンの大富豪）をチェックしてみてください。多くが自殺したり、逮捕されたりですよ。許家印《シュージアイン》氏（中国の不動産開発大手、中国恒大《ヘンダー》集団の会長。２０２３

年に犯罪行為に関与した疑いで強制措置下におかれる）も捕まりました。

サイバーエージェントの藤田晋氏の伝記に『ホリエモンが逮捕されたときに怖いと思った』と書いていましたが、それと同じです。中国では周りがどんどん逮捕されるんです。日本はアジア圏なので、欧米と違ってこういう人たちは話さえしなければ周りに紛れ込むことができます」

企業家来日の流れは止まる勢いを知らない。2024年に入って、私は複数の情報筋から、中国のモバイルSNSプラットフォーム大手Momo（陌陌）の共同創業者である唐岩《タンイエン》氏が日本に生活の拠点を置くようになったことを確認した。Momoは2014年にナスダックに上場済みで、『フォーブス』誌のランキングによると唐氏一族の資産は113・1億元（約2380億円）とされる。これは日本だと長者番付トップ100にも余裕で入ってくるレベルだ。

「ライブストリーミングサービスへの締め付けが強くなり、ライバル企業で逮捕者が出る中で、来日を決めた。同社は半分麻痺している」と、情報筋の1人は解説する。

唐氏の知り合いが本人と日本のつながりについて教えてくれた。

「唐氏はもともと日本が好きで、彼が創業前、まだメディアで働いていたときには上司と日本に来たこともあります。アニメや映画に興味があるみたいです」

やはり日本とのつながりがもともとあったわけだ。

ファミリーオフィスが橋渡し

中国人大富豪の実態をさらに深く探るべく、私は、そうした人々向けのファミリーオフィスを展開する中国人新華僑の男性を訪ねた。場所は山手線の某駅近くのオフィスだ。休日だったからだろうか、その男性はパーカーを羽織っており、拍子抜けするほどのカジュアルさだった。

この人物は、２０２３年から、日本へ移住してくる中国人富裕層向けにお手伝いさんや秘書、運転手などを手配するようになった。

「(そういう人たちは) 言葉とか何もわからないですから」

子供のインター校受験は彼の奥さんが調整しているそうだ。これからさらに業務を拡大していくと意気込む。

中国ではコロナが終わって経済がＶ字回復するとの期待があったが、逆で予想外に減速したこともあり、一般庶民と同様に超富裕層も海外移住がますます増えていると彼は見る。

――お客さんの層は？

詳しくは言えませんが、（お客さんの中で）一番貧乏な人でも日本円で20億円くらいの資産を持ち、数百億円くらいの資産を持っている方もいます。

――どんな業界の人たちですか？

不動産、ドラマ制作会社、ＩＴ企業の関係者、自動車関連などさまざまです。やっと日本の時代がきました。これまでは欧米やシンガポールが人気でしたが、欧米はビザがおりにくいんです。（米国の）Ｈ－１Ｂと言う投資家ビザです。グリーンカードまで辿り着けない人も多いです。アジアンヘイトも多いし。身の安全や子供の安全を考えてってことです。シンガポールは住宅コストが日本より高いです。みなさんお金の計算ができるので「なぜ無駄に60％多く払わないといけないの？」ってなります。

昔ビジネスで日本に来たことのある人が好印象を持っているのもあります。空気はキレイだし、治安はいいし、食事も美味しい。不動産も円安で安いですし。各国と比べても第一希望になってきています。季節が４つある日本は住みやすいです。（シンガポールと比べて国土が）広いし。あと公平です。日本人は「外国人だ」と区別しません。

そうひと通り説明した後で、「去年（２０２３年）ロールスロイスを６台買ったんです。友人の代わりに。つい先日も買いました。７０００万円でした」と、緑のピカピカの車体が映った写真をスマホで見せてくれた。

ジャック・マーが日本にいるというニュースも大きかったです。スマートさの象徴ですからね。彼は米国に行く資格があるのに日本を選んだ。王石氏も思想を持っている人です。中国の経済界は衝撃を受けました。

――中国のトップ富裕層はどういうところに住んでいるんですか？

子供の教育の関係もあって、ほとんど３Ａ（麻布、赤坂、青山）を選びます。家賃２００万円くらいのマンションです。市場調査して半年ぐらいで冷静に不動産を購入します。日本の不動産事情には不満もあって、「狭い」と言っています。低層マンションが多いです。「大平層《ダーピンツァン》」って言うワンフロア丸ごとフラットなタイプです。麻布だと２００平米の物件があり、日本人の感覚だと広いんですが、そういう人たちは２０００平米とかにもともと住んでいたので「窮屈だ」って。

——やっぱり3Aなんですね？

立地的に中心部で、資産価値は固いです。子供の通学にも便利です。あの辺はインターも集まっています。自炊は絶対しないので、みなさん外食しています。いいレストランがすぐ近くにあります。銀座へも行きやすいし。

プチ（富豪）は勝どきのザ・東京タワーズとかですね。あのあたりは四川語や広東語が聞こえてきて、中国に帰ってきた気がします。本当の富豪はそういうところは避けます。麻布だと欧米人や日本人もいて（自らの身分を）はぐらかすことができ、平穏に暮らせます。

——そういう人たちは、どういう日常を送っているんでしょうか？

買い物が多いですね。日本にお金を落としてますよ。週に3回銀座に行ったりとか。子供にフォーカスしてますね。（学校の）お迎えをしたり。東京はいいレストランが多いです。せっかく来ているので、食事を楽しんでます。ビジネスチャンスも探ってます。不動産とか、小さな会社を買ったり。家族経営の酒蔵とか。あとは、高級レストランをオープンしたり、ホテル、そして投資用のマンションを買ったりです。

銀座のど真ん中を一望

「中国人の政財界の人に使ってもらえています」

「経営者が中国人なので人脈があるんです」

「企業の会長とか、自分で起業した人、芸能人とかが来ます」

ここはCity Club of Tokyoという会員制クラブだ。スタッフの説明だと、中国人よりは、日本人の利用者のほうが多いのだという。商業ビル銀座コアの7階を丸ごと借り切っている。入ると受付の右手にある広々としたヨーロピアンスタイルのプライベート・サロンに案内された。中は寿司、鉄板焼き、日本料理、フランス料理、しゃぶしゃぶといったレストランで区切られている。白眉なのがシガーバーで銀座4丁目交差点――つまり、銀座のど真ん中を望む。

個人会員だと入会金が１００万円で、預託金と年会費がそれぞれ20万円、24万円となっている（いずれも２０２３年時点）。

２カ所に分かれたワイナリーも豪勢だ。

「世界で5本の指に入る、所蔵ワインの価値では日本一」との紹介があった。フランス

Échézeaux（エシェゾー）の1986年もの、6リットルの空瓶が飾られていた。聞くと、以前赤坂に店舗を構えていたころにジャック・マー氏のために開けた逸品なのだという。一番古いワインが1902年製。そのほかにも3000万円ほどの値段がついているというワインを見せてくれた。値がつかないほど高価なものもあるのだという。

2024年10月に銀座3丁目に移転して、こちらは3フロアになった。

『GOETHE』の2022年の取材記事でCity Club of Tokyoの「創設メンバーの1人」として紹介されているのがハロウインターナショナルスクール安比校（詳細は第6章）でも暗躍しているとされる羅怡文《らいぶん》氏だ。約10年前に貴重かつ膨大なワイン・コレクションを一括で譲り受けたのが運命の出会いだったのだという。記事によると、羅氏は、「どのワインをいつ誰と開けるか、何料理に合わせるか、といったことは事前にあまり考えない。その日の気分と雰囲気、料理、メンバーにより抜栓する1本をその場で選び、テーブルを囲む仲間と眼福、口福にひたる。写真やメモはいっさいとらず、エチケットも保存しない」

時流に応じて次々と業務を変更させてきた羅氏は同インタビューで、最近は「グローバルライフスタイル」をキーワードに新業態構築に挑んでいるのだそうだ。

超富裕層サークルの内情

その日の朝、私は、ある都内の高級ホテルの最上階で、超富裕層の中国人企業家サークルの内部をよく知る女性と待ち合わせた。彼女は日中を含めた世界各地を年中飛び回っている。落ち着いた雰囲気のレストランで、彼女は器用にリンゴをナイフで切ったり、注文したカフェラテを啜りながら、私の疑問にじっくりと答えてくれた。

――東京に来ている超富裕層の企業家はどのような日常を送っていますか？

専用のドライバーがいますね。本人たちは道がわからないですから。専属の厨師《チューシー》（シェフ）やヘルパーもいるわ。セキュリティもいることがありますが、これは中国人ではなくローカルの人です。完全に中国語圏の生活を送っています。世界各地にビジネスで知り合った人々がいるので、そういうパートナーと各国で会ったりもします。あと中国にいると、誰か知り合いが悪いことをした場合、当局が関係者を調査しますが、これが面倒なんです。米国とかだと拒否できるわけですが、中国ではそうはいかないの。

彼女が説明を続ける。

みんなで打牌《ダーパイ》したりしていますよ。

――麻雀ではなく、トランプをしているということですか？　それは対面でってことですか？

そうよ。暇な生活をしてますよ。もともとビジネスが好きな人たちですが、それができなくなっているので。「自伝を書けば？」なんて話になるんですが、書けないんです。

――なんで書けないんですか？

書いたら中国に帰れなくなるからよ。

東京では赤坂にある新栄記にみなさん集まっています。中国ではミシュラン3つ星の店です。食材がいいんですよね。1人平均200ドルくらいしますが。

――他にはどういうところで集まるんですか？

自分の家ですね。公の場に出てくることはないです。

――みなさん東京の不動産にはあまり満足してないみたいですね。浴室やトイレが足りないと。

そう、海外ではみなさん浴室《ユーシー》（バスルーム）が2・5個あるところに住んでいます。自分たち用のバスルームが2個あり、それとは別にゲスト用のトイレがあるという意味です。

――日本人には誤解があるように思います。中国に来ている富豪は、不動産を爆買いしたくてしているわけじゃないと思うんです。他の産業が保護されているから、不動産にしか投資できないのでは？

日本にとっては機会《ジーホェイ》ですよね。教育、医療といった中国で十分なサービスがない分野は有望ですよね。あとこれからは農業じゃないでしょうか。中国人は食の安全を重視しているので。もうやっている方がいるんじゃないかしら。

――みなさん不動産などの資産を管理する人が各国にいるみたいですね。

自分専用のファミリーオフィスを持っています。香港やシンガポールに拠点があることが多いです。具体的な各国のチームは案件に合わせてそこが作るんです。メンバーは比較的固定されています。

――ジャック・マー氏は何をしているんでしょうか？　銀座や六本木でよく目撃されているようです。

彼はみんなで吃吃喝喝《チーチーホアホア》（大いに食べたり飲んだり）するのが好きです、どの国にいても。あとはゴルフをしたりでしょうか。

――東大でポジションを得ましたよね。教師だったこともあり、教えるのが好きみたいですね。

湖畔大学での経験があるので、具体的な事例をよく知っています。ですので、ビジネススクールでケーススタディーとかは教えられると思います。

彼女から話を聞いてハッとさせられた。海外に脱出した大富豪は、実は退屈な毎日を過ごしているのだ。

これまでの「潤」の人々を辿る旅の中で、都内のタワマンや高級不動産の購入、子供への惜しみない教育投資、さらには大富豪による日本移住の実態が見えてきた。

だが、ヒトはともかくカネはどうなっているのだろう？

資金はどのようにして日本に持ち込まれているのだろうか？

そうした新たな疑問を胸に在日中国人と対話を続けていると、この新たに広がりつつあるコミュニティの奥深くに、日本人には窺い知れない独自のネットワークが浮かび上がってきた。

第5章　独自のエコシステム

2024年2月20日昼過ぎ　東京都文京区

ターゲットとなる路面店にやってきた。店頭には「高価買取」と書かれた看板が出ている。店内は真っ暗で、ガラス越しに至近距離で覗き込んでも、棚には何の商品も置かれていない。

「しまった。もう摘発されて移転したんだ」とがっかりした。

よく見ると、店頭には他にも警備会社のシールがこれみよがしに貼られてあった。一応自動ドアのボタンを押す。するとなんと開くではないか！　店内には誰もいない。

次の瞬間、「Staff Only」と書かれた別室から30代らしき長髪の女性が顔を出してきた。

こちらから来店の理由を伝えると、隣の「会議室」に通してくれる。ちょうどバックパックを背負った客らしき男性と入れ替わる形となった。

質素なテーブルに件の店員と対面する形で私は席に座った。テーブルの片隅には、海外ではお馴染みの紙幣計数機がちょこんと載っていた。400枚と表示されているので、さっきの男性は4万元（約80万円）分、または400万円分を両替したのだろう。じっくり辺りを見渡すと、なぜか床にはブランドものの紙袋が無造作にまとめて積まれていた。

「誰の紹介ですか？」と、怪訝そうに聞かれたので、咄嗟に「賈さんの紹介です」と適当に答えてみる。そこで切り出してみた。

「500万元（約1億円）を日本円に両替したいんです」

相手の表情に驚きはなかった。

「前日までに言ってくれれば用意できるんですが」

当日だと銀行が早く閉まってしまう関係で、現金の用意ができないことがあるのだ。それに他の客とバッティングしても具合が悪いので、やはり事前予約していくのが最善なのだろう。

両替上限額を何度も聞き出そうとするが、はぐらかされた。いずれにせよ、かなりの高額まで対応可能なのだろうと察した。

店員が存在するはずのない「賈さん」を調べているうちに、私はテーブルの上に貼られていたLINEのQRコードを読み込み、パイ氏（仮名）を友達に追加した。このパイ氏が両替商だということは事前に聞いていた。

「こんにちは。両替したいんですが」と、さっそくメッセージを送ると、

「私に何をくれるんですか？」と、すぐに返信がきた。目の前にいるこの店員とは別の人が老板《ラオバン》（ボス）なのだとわかった。

「人民元です」

「オッケー、いくら？」

「500万元ですね」

「オッケー　486」

スマホの画面でテンポよくやり取りが続く。

「486」の意味がすぐにはわからなかったが、どうやら1円＝0・0486元のレートを示しているらしい。

「ちょっと考えてみますね」

「両替しますか？　485でもいいですよ」

私のことを良客と思ったからだろうか、より良いレートを提示してきた。このあたりのやり方は中国人らしい。改めて来ますね、と断った。というよりも、私はそもそもそんな大金を本当は持っていない。

「やっぱり紹介ベースじゃないと受け付けないんですね」と、帰り際に店員に振ってみると、

「そうですね。最近は騙子《ピエンズ》（詐欺師）も多いので」と返ってきた。常に警戒している様子が垣間見えた。

店を出ると、地元民だろうか、年配の歩行者が行き交い、すぐ目と鼻の先には百貨店も見える。それは東京都心のごく普通の日常だった。異世界から日本に一瞬で戻ってきたような奇妙な感覚に襲われた。

地下銀行は一見さんお断り

遡ること数日前、ある「潤」で都内在住の中国人男性がこのヤミ両替商について教えてくれたのだった。中国語では「地下銭荘《ディーシャーチエンチュアン》」（地下銀行）と言う。自身の経験から、だいたいのプロセスを説明してくれた。

「まず予約します。微信《ウェイシン》だと（中国側で）目をつけられるので、だいたいLINEでやりとりします。親しい人の紹介が必須です。次に、明日のレートがいくらくらいかチェックします。相手は日本円で現金を準備することになります。中国銀行の牌価《パイジャー》（公表交換レート）プラス1％とかです。オーストラリアドルとかだと2ポイント近く手数料が乗るので、

それに比べると安めです。そのレートでよければ、その両替商のところに行きます」

自分の経験をそのまま再現してくれた。

「相手は目の前のテーブルに日本円で全額を出してきます。機械で数えていくんです。そのときは×億円でした。中国の×つの銀行口座に、それぞれ指定された額を振り込んでです」（特定を防ぐためにここでは具体的な数字を伏せる）

——その金額は整数ではない？


その通りです。整数ではなく変な金額です。

ケータイの銀行アプリで振り込みに成功すると、そのスクショを相手に見せます。限度額が足りずに引っかかったり、口座が監視されていたりで失敗することもあるので。北上深《ベイシャンシェン》（北京・上海・深圳の総称）だと限度額が高めなので50万元とかでも送れますが。

朝早くお店に行って、日本円の現金を数えるだけで2時間かかりました。振り込みにはもっと時間がかかります。向こうの（中国の）口座で受け取れているか確認します。それに3、4時間かかるので、取引が終わるのは夕方近くです。向こうが使っている口座は毎回違うようですよ。

――相手はどうやって確認しているんでしょうね?

店員は別の部屋に行ってやっているのでわからないです。最後に札束をまとめて袋に入れてくれます。ここにある私のバックパックより大きいですね。百貨店でもらえるような大きなやつです。札束は黒いビニール袋で包んでくれます。

――そもそもどうしてこの両替商に決めたんですか?

この両替商を選ぶ前に、5、6軒当たったんです。レートが違いましたね。不安でした。ですから、知り合いが実際に取引しているのを確認してから、ここなら信じられると思って決めたんです。

最近では、中国人のお金持ちが都内のタワマンを現金で「爆買い」していることがテレビ報道などですっかりお馴染みとなっている。だが、なぜ現金なのだろうか? その謎を追っていると徐々にからくりの全容が見えてきた。

その大きな背景としては、需要と供給のミスマッチがある。中国では海外送金の制限がますます厳しくなっており、毎年５万ドル（約７５０万円）までしか持ち出せない。これも一筋縄ではいかず、銀行に送金理由を聞かれて断られることもある。

だが、中国人アッパーミドル層の脱出はますます加速する一方だ。例えば、家を売り払ったとしても、そうして手にしたお金をどうやって外国に持ち出すかは悩ましいところなのだ。他方、来日した中国人はすぐに銀行口座を作ることができず、海外から多額の送金があると、銀行側から問い合わせがきたりと何かと不便なことが多い。実は中国新移民が利用する不動産仲介業者は、特定の両替商とつながっていることがある。

そもそも華人社会では、地下銀行の仕組みはずっと昔から存在していた。華人の送金ネットワークに詳しい静岡県立大学グローバル地域センターの濱下武志センター長（東京大学名誉教授）は、「中国人の感覚からすると、非正規の金融ネットワークの存在はごく普通の感覚で、日常的に接するもの」と話す。

この男性はさらに解説する。

「経験の乏しい中国人だと、日本の銀行窓口に多額の現金を持って行ってびっくりされます。特に個人口座の場合は。合法性を疑うのでしょう。だから来日したばかりの中国人は、自宅に現金を保管していることも多いですよ。思考能力のある中国人は銀行口座にそんなに多くのお金を入れておきません。私も家に保険櫃《バオシエングイ》（金庫）があります」

「日本の金庫は意外なマーケットを得ましたね」と、冗談っぽく言ってみた。

「そうですね。私の持っているのは小さいやつですが、もっと大きいやつの需要もあると思います」

そう言うと、彼はおもむろにスマホで、最近起きた中国人が被害者の強盗事件に関するニュース記事を見せてきた。

「現金を持っていると、知り合いとかが強盗したりするんですよ」

拡大を続ける国際金融網

この男性が教えてくれる前に、地下銀行については何人かの取材相手から聞いていたので、驚きはなかった。

都内在住の中国人不動産仲介業者は語る。

「日本だと法的にはだいぶグレーで、中国では黒です。中国だと海外送金の用途を聞かれ、家購入などと説明すると一発アウトです。昔はいろんな人に頼んで、『螞蟻搬家《マーイーバンジャー》』（アリの引越し、転じて少額を手分けして国外に持ち出す手法）で運ぶ方法がありましたが、今では使い物になりません。手で持っていっても海関《ハイグァン》（税関）で止められるかもしれません。中国のＡＴＭでもそこまで簡単に下ろせないですしね」

この業者は、自らも地下銀行でこれまで20回ほどに分けて約2億円の資産を中国から日本に移したという。2017年ごろからは規定の5万ドル以下であってもスムーズに送金が難しくなってきたと証言する。その上で、地下銀行を通じた日中間の取引額は「年間数百億円規模ではないか」と話す。

微信で実際にやり取りした様子をスマホで見せてくれた。指定されていた中国の複数の口座への振り込み額が完全に乱数だったのである。両替商が不動産会社に直接日本円を振り込み、まずは不動産会社名義で不動産を購入するケースもあるのだという。確かにこういうやり方であれば、たとえ購入者が日本にいなくても不動産購入までスムーズだ。

この手法は、「対敲《ドゥイチャオ》」とも言われる。原義はお互いにノックをするというくらいの意味だ。

ただ、中国側の協力者——典型的には親族——が摘発されるケースが少なくない。

実際に中国では、2023年8月に上海市公安局が、現地最大の移民仲介会社の董事長何梅氏ら5人を「不法経営罪」で刑事拘留した。国内で人民元を受け取り、国外で外国通貨を提供する方式で、第三者と不法に外国為替取引をしたとの嫌疑がかかった。疑いのある取引額は1億元（約20億円）超とされる。この事件を受け、中国では合法不法を問わず外貨為替に対する管理がさらに厳しくなるのではないかとの憶測が広まった。一罰百戒の意味があったというわけだ。

2023年ごろから、日本でもヤミ両替商へ警察の追っ手が迫るようになったとの話を複数の関係者から聞いた。

危険も伴う。

「車のなかで取引する場合もあるんですが、利用者が刃物で両替商を脅し、お金を奪って逃走する事件が複数起きました。やましいところがある両替商が通報することはないだろうと見込んでのことです。両替商にとってもリスクがあるんです」

すっかり仲良くなったメディア関係者の郭氏が解説してくれた。

取材をさらに進めていくと、兼業で地下銀行をやっているという新華僑からその国際的なカラクリを教えてもらうことができた。

「地下銀行には白と黒の2種類があります。私がやっているのは白のほうです。黒のほうは詐欺とか洗銭《シーチェン》（マネーロンダリング）です。

白のほうはこうやっているんです。タジキスタンでもどこでもいいんですが周辺国で、中国とビジネスをやっている貿易商がいます。中国から商品を仕入れるので、人民元が必要です。この人は、その国内の銀行に米ドルを入れます。その米ドルが日本の銀行のもとに行きます。そしてそれが日本の貿易商にわたり、その貿易商がお客様に日本円を渡すのです。そのお客様が中国の口座で人民元を別の口座に振り込む。その人民元が最初の貿易商のもとに行くんです」

つまり、日本、中国、第三国の間で大きな循環ができているというのだ。

この説明について、香港・中国本土の地下銀行に関する論文を執筆したことのあるアジア経済研究所の久末亮一研究員は「整合性があります」と認める。

この地下銀行を営む男性は、「米国と中国の間で貿易戦争が起きていますし、中国も内《ネイ》循《シュン》環《ホワン》（内部循環経済）を推し進めていますので、中国と第三国の関係がどうなるかというのが懸念としてあります」と言う。

中国の対外貿易が滞ると地下銀行業務も影響は免れないとの危機感を持っているのだ。

さらに具体的な地名をあげて説明する。

「御徒町や秋葉原にある両替商は、貿易会社とつながっていることが多いですね。知っているだけで都内に6～7軒はあります。あとは池袋にもあります。西川口にあるのは黒いほうで、地下ギャンブルとつながっています。マネロンとつながりのある両替商はあまり続くことはなく、3カ月程度で消えることがあります」

――外見はどんな感じですか？

何の看板も出てないとか、見た目は不動産屋だったりすることもあります。

彼の「白と黒」という分類を聞いて、合点がいった。というのも以前に大阪で取材していたときに、同市内のあるヤミ両替商が別の悪事を働いて警察に御用となったという話を聞いていたからだ。やはり、アジア各国を跨いでピラミッド構造ができているらしい。黒の調達先は闇の奥深くにありそうだ。

ある信頼できる在日中国人がこう打ち明けてくれた。

「これから日本に来て、1日あたり40億円ほどの取引をしようと計画している人がいる。その人も打工《ダーゴン》（アルバイト）レベルの人ですけどね」

一方、件の新華僑によると、「白」のほうの両替商がつながっている貿易会社はメジャーな港湾都市横浜に近い東京に設立されているので、東京の銀行でしか日本円を引き出せないのだと説明する。名古屋や大阪には手で持っていくほかなく、そのため東京以外の都市ではレートが良くないのだそうだ。

その新華僑が教えてくれた池袋のヤミ両替商が入居する雑居ビルにやってきた。ＪＲ池袋駅北口のすぐ近くで、周辺では中国語を話す人々が数多く行き来しており、いかにもチャイナタウンという雰囲気が漂う。

そのビルから紙袋をもって出てきた人がいるではないか。近づいてさりげなく中を覗くと、そこには１００万円と思われる札束が入っていた。

その後、他店舗への聞き込みで、どの部屋がヤミ両替商なのか見当をつけた。距離をおいて見張っていると、男が1人また1人と狭い店内へと吸い込まれていく。そしてやはり紙袋をもった男がその店舗を後にする。統一感のないバラバラの紙袋。なるほど、あの日文京区の地下銀行で見かけた紙袋は、お金をつめるためのものだったのだとようやく合点がいった。

いずれにせよ、地下銀行の取引規模が急拡大しているのは間違いなさそうだ。その傍証として、「ヤミ両替商がこの前、1500万円の車を買った」という話も聞いたし、ある公安関係者は「帰化した中国人がヤミ両替をやっていて、西新宿のタワマンに住んでます」と、具体的な氏名と住所とともに教えてくれた。

一連の取材を通じてわかったのは、この地下銀行は毎回の取引金額がまだ少ない部類で、他にもいくつかの迂回ルートがあるということだ。「送金方法でお金持ちの選択肢は多い」との声を何度も聞いた。

ある中国経済に詳しい日本の元官僚はこう紐解く。

「大富豪の部類は胡錦濤（2002～12年まで中国共産党総書記）の時代から香港に財産を移していました。ですが、銅鑼湾書店事件（2015年、中国政府に批判的な書籍を発行する書店の幹部5人が相次いで行方不明になった事件）のころから、『香港も危ない』という意識が高まりました」

その少し前の2014年には、香港の大型複合企業、長江実業集団《チョンコン》を率いる李嘉誠《リーカーシン》氏が脱中国を進めているという報道が出回ったのもある種のシグナルだったと見る。

オークションまで活用

そう、地下銀行以外にもいくつも送金方法はある。

2つ目のルートは暗号資産だ。IT関係に強い人々が使う傾向にある。複数の事情通によると、C2C取引もできるOKXや、Binanceといった取引所を利用するのが主流のようだ。種類としては流動性の高いビットコインやイーサリアムを使うことが一般的。金額が多くなると「U幣」という通称のあるUSDTが便利だそうだ。そして「大久保や新宿にはOTCと言われる暗号資産を現金に変えられるところがある」という話も耳にした。

3つ目のルートは貿易会社をかませたルート。だが、この場合は日中双方の貿易会社が関係してくるのでハードルはやや高い。偽オーダーや、オーダー価格と実際の価格の差を利用して、国際取引をするのだ。

4つ目のルートは直接投資の別目的使用だ。海外進出に際し、直接投資の一部を不動産購入などに充てるパターンだ。当然、額は比較的多めになり、経営者など限られた人にしか使えない手法である。2013年に習近平国家主席が巨大経済圏構想「一帯一路」を打ち出し、中国企業による海外進出が盛んだった時期には、特に流行ったようだ。

最後は意外なところでオークションを使ったルートだ。

「美術品を中国で高値で買って、海外で売るんです。逆の通貨が欲しいときはその逆をするだけです」

このルートに詳しい男性とカフェで会っているとき、彼はストローを手にとって振りながら説明してくれた。

「このストロー１本が１００万円だと言っても日中両国政府は止められないわけです。美術品の価値は知る人のみぞ知るなので。日本の土地みたいに評価額があるわけではないです。リスクとしては中国側で詐欺として捕まる可能性ですね」

この手法で中国からある先進国に約30万ドル（約４５００万円）を送金することに成功したある人物にオンラインで話を聞くことができた。

「ポーリーオークション（香港などで開催される美術品を対象とするオークション）で表示価格のある美術品を扱うんです。通常、コンテナや貨物船を使って海外へ輸送します。その価格で世界中どこにでも売ることができますよ。また、売れるか売れないかは、個人の好みによるところもあります。キャンバス絵とか、高く売れやすい作品もあります」

前出の久末氏は、中国人による非正規な経済活動が日本に持ち込まれて増殖中であるとの認識のもと、こうした活動が反社会勢力と結びつく可能性を危惧する。例えば大阪でカジノが開業すると、公的にはジャンケット（カジノに上客を案内する業者）制度を導入しないという建て付けでも、不法な中国系ジャンケットの流入は不可避とみる。

そこからさらに別のブラックなビジネスが派生して、地元の治安にも影響を与える可能性があるのだ。久末氏は「総じてダメなものはダメという線引きをはっきりさせ、日本政府はそうした原則を常に明示しておくことが重要だ」と訴える。

悪名高き中国の「会所」とは

中国のニューリッチが続々と日本にやってきていることの副産物は、地下送金の規模拡大だけではない。多くの日本人が預かり知らないところで、中国人御用達の会所《フイスオ》（プライベート・クラブ）が日本中で誕生しているのだ。

そもそも会所とはどんなところなのか。現代中国で関係《グアンシー》をうまく利用して超富裕層にまで登り詰めたデズモンド・シャム氏が政治とビジネスの闇を暴露した自身の著書の中で具体的にわかりやすく触れている。

デイヴィッド（著者注・江沢民国家主席に近かった政治家賈慶林の義理の息子）は義父のコネを使って資産を築いたらしい。彼は、主として、北京に本拠を置く北京昭徳投資という持ち株会社を通じて、多数の会社の株を大量に所有していた。二〇〇九年十二月、デイヴィッドは「マオタイクラブ（茅台会）」をオープンした。当時は富裕層の誰もがプライベート・クラブを持ちたがっていて、北京や、上海、広州に、雨後のタケノコのようにクラブができていた。クラブを持つ目的の一つは秘密の保持である。私有の施設であれば、政治的な取引やビジネスの取引が気兼ねなくできる。誰と会っているか人に知られずに済むし、人に話を聞かれる心配もない。それに、赤い貴族には人前で自分の富をひけらかすことをためらう人が多いが、信用できる仲間内であれば、そういう話を控える必要もない。プライベート・クラブの閉ざされた扉の奥では、お金にまつわる自慢話もできるのだ。そして多くの場合、一番の利点は、国有財産の中にクラブを作れば、政府が所有する資産を使って私的な利益を上げられることである。経費削減とはまさにこのことだ。デイヴィッドは、北京中心部の紫禁城の近くにある、並木道に面した四合院にクラブを作った。

（中略）許家印《シュージァイン》（著者注・中国の不動産王）は、フランスの南海岸でドックに入っている、一億ドルのスーパーヨットを見に行きたいと言い出した。その船は香港の大物実業家（やはり資産数十億ドル）のものだった。許家印も、デイヴィッド・リーのように、自分のプライベート・クラブを持ちたいと思っていた。ただし、彼は、海に浮かぶ施設のほうが、北京の路地にあるデイヴィッドのクラブなどよりも、もっとゲストを世間から隔離できると考えたのだった。許家印が思い描いていたのは、中国の沿岸で官僚たちをワインと料理でもてなす、海に浮かぶ宮殿だった。そこならば、反腐

警察や生まれつつあるパパラッチの目を逃れることができる。(『私が陥った中国バブルの罠　レッド・ルーレット』草思社)

中国で最もよく知られる会所は、1990年代の巨額密輸・贈賄事件の主犯格、頼昌星《ライチャンシン》がアモイに築いた酒池肉林の「紅楼《ホンロウ》」だろう。頼は、2011年にカナダから中国に強制送還され、後に無期懲役判決を受けた。

中国メディアの報道によると、彼が数億ドルを投じて開いた会所は赤みがかった7階建ての建物だった。

1階は接待室で、2階は豪華なレストランで5つ星級のインテリアやサービスを提供する。ここには世界中から有名なワインが集まっている。

3階は娯楽施設でサウナ、足湯、マッサージなどが楽しめる。超豪華なキングサイズのベッドも置かれ、頼氏が全国から集めた美女が高官たちに奉仕できるようになっている。4階は豪華なキャバレーで、一流の音響設備を兼ね備えた高級カラオケが楽しめる。5階はよく食べ、よく飲み、よく遊んだ来客が休める客室となっている。

6階は大統領レベルのグランドスイート。頼氏のパートナーらのみが泊まることを許され、性的サービスが付いてくる。7階は頼氏のオフィスで、不適切取引を完了する場所。「飾られている絵は独特で、海鵜がよく肥えた魚を狙っている様子が描かれている。ここにきて取引する人々は頼氏の食い物であるとの暗喩だ」

アメリカンクラブにまで中国人

このような「会所」が、いま日本の至る所で続々と生まれている。

現在日本で最も豪華とされる会所が、西麻布にある。ここは何を隠そうあの有名司会者、黒柳徹子氏の旧邸宅なのだ。週刊誌『FRIDAY』が２０２１年に報じたところによると、この「トットちゃん御殿」は地上2階、地下1階。建物面積は実に約７５７平米。広々としたテラスに室内プールまであるという。

価格は22億円とされ、不動産関係者の話として、「２０１９年に現在の所有者であるコンサルタント会社に売却されました。その企業は早くから内装の工事などをしていたようですから、もともと転売目的で購入したとみられます」と伝えられていた。

この会所に入ったことのある男性は、中は「アラブの豪邸みたい」だったと振り返る。カーペットが敷き詰められ、天井からはシャンデリアが下がっている。専業のシェフがいて、お酒が振る舞われるそうだ。

「接待したい人が使う感じです。知り合いが一度使って、１０００万円ほど請求されていました」

ある夜、その場所に行ってみた。周りは大使館や高級住宅が建ち並ぶ超一等地。おおよその位置しか知らなかったのだが、近所のレストランで「中国人富豪が集まるプライベート・クラブが近くにあるはずなのだが」と聞き込むと、思い当たる場所を教えてくれた。ちょうどさっき通り過ぎたときに「ここじゃないかな」と思っていたところだった。軒先がライトアップされていて異様なほど豪華な佇まいなのだ。駐車スペースには千葉ナンバーのあのトヨタ・アルファードが停まっていた。ちょうど中から恰幅のいい中国人2人組が出てきた。黒のウインドブレーカーを羽織っている。

「ここは会所だと聞いたが？」と中国語で話しかけると、「我不認識《ウォブーレンシ》」（私は知らない）と答え、そそくさと逃げるように去っていった。あたかも怯えた様子で、普通の反応ではなかった。

ちなみに、この会所を運営しているとされるのがある台湾人セレブリティで、彼女のボーイフレンドはマカオに絡む犯罪に関与しているとして中国で指名手配されている。この男性は日本に潜伏している可能性が高いとされる。

都内にはまだまだ会所がある。ある在日歴の長い中国人男性は、去年知り合いが白金台で会所を作ったと言う。1階はプライベートな広東料理のお店で、2階と3階は若い女性を連れてこられる仕様とのこと。

「友人や友人の友人を招くという感じでプライベート・ラウンジみたいなものです。無料で使わせておくと顔が立つじゃないですか」

日本と違って、中国では奢ったり奢られたりすることを通じて人間関係が築かれやすいのだ。

「長期的にはいつか商売上のリターンがあると見ているわけです。日本人とは営業感覚が違いますよね」と付け足す。

この男性は、別の友人がドバイから日本に渡り「会所」を作ろうとしているとも言う。

「日本最大のサイズになるのではないかと思います」

ある若い在日中国人女性はこう打ち明ける。

「うちの会社には社内に会所があります。ワンフロア丸々ですよ。だいたい２００～３００平米はあると思います。２０２３年12月にできたばかりです。対外的にはオープンにしていませんが。スタッフと接待客だけが使えるんです。エントランス、そしてカラオケ付きのＶＩＰルームはパスワードを入力しないと入れません。指紋認証も必要だし、パスワードは毎月変わります。中にはバースペースがあります。本当のバーにあるようなボックス席ですね。そしてＶＩＰルームには日本式と中国式のカラオケがあります。レストランもあり、中国式の茶卓もあります」

――面白いですね。

「中国人は会員制が大好きなので会所は普通のバーやクラブより魅力的に映るんですよ。なんとなく高級そうなものに惹かれがちです。

自分は他の人と違う階級だと感じて悦に入りやすいのだという。

他に中国人コミュニティで会所として知られるのは、港区某所のカラオケスペース、台東区某所の中華レストランなど。前者は予約貸切制で、後者もほとんど対外的に宣伝はやっておらず、知り合いが予約してシェフが柔軟に食材を用意して腕を振るうスタイルだ。

また、２０２３年11月には、地上10階地下2階の銀座ＭＯＵＴＡＩ（茅台）ビルが銀座の目抜通り沿いに誕生した。茅台酒とは、貴州省で造られる中国を代表する高級白酒だ。ビル関係者は、今後上層階に会所をオープンする予定であると認めた。「権貴名流《チュアングイミンリュウ》」（権力者や貴族、名士など）をターゲットに茅台酒を直接提供するという。

さらに、ジャック・マー氏が京都に会所を開く準備をしていると現地の中国人事情通から聞いた。すでに会員証をもらっているとまでいう。実際に、鴨川から近い賑やかなエリアに位置する地上3階地下1階のその物件を訪ねてみると、ちょうど改装中だった。登記情報を辿っていくと、２０２３年1月に所有権がある投資会社に移転しており、その会社の所有者は東京在住の中国人風の名前の人物だった。

極め付けは、東京港区の東京アメリカンクラブである。きっかけは在日歴が長く且つ中国在住歴もある米国人女性会員から聞いた驚きの一言だった。

「ここ3〜4年でしょうか、中で中国語を聞くようになったんです」

東京アメリカンクラブは1928年に設立された由緒正しい会員制クラブだ。米国で排日移民法が制定された4年後にオープンした重い歴史を背負う。

さっそく現地に飛んだ。敷地内にはベンツやBMWといった高級車がずらりと並ぶ。標識が全て英語だ。中は都心とは思えないほど開放感があり、地下に至ってはアロマのいい香りが漂っていた。ワイナリー、ラウンジ、ジム、バーなどが各階に入居する。ムードがありつつもアップビートなBGMが心地いい。いかにも名士っぽい白人が行き交っていて、まるで高級ホテルのような贅沢な空間だ。

入会に興味があると言って、メンバーシップセンターで話を聞いた。中国人が増えているんですかと女性スタッフに問うと、

「米国人や日本人ではない第三国の会員は10%ほどいます。トランスファー（転勤）できた人とかビジネスをやっている人とかです。あと近くにブリティッシュ・スクールができましたので」

目と鼻の先に、2023年にオープンしたばかりの麻布台ヒルズにはブリティッシュ・スクール・イン 東京が併設されている。

ちなみに、レジデント（居住者）メンバーシップで、外国籍の場合は入会料が190万円、ビルメンテナンス基金寄与費30万円、返金可能の前金20万円などを支払う必要があり、日本人だとそれぞれ450万円、30万円、20万円とより割高な設定になっている（いずれも2023年9月時点）。

さらに聞くと、日本人の申請には外国人のそれより時間がかかるのだという。中国人からするとある意味お得な状況なのだ。

クラブ内のソファーで一休みするふりをして近くに座っていた高齢の日本人男性に、「中国人は見かけますか？」と話しかけてみるとやはり、「中国人男性がそこのレストランに来たり、家族用の別のレストランに家族で来たりしてますよ」とのことだった。

前出の事情通がさらに謎解きしてくれた。

「アメリカンスクールとかに中国人が子供を通わせているじゃないですか。親同士で知るんですよ、東京アメリカンクラブの会員だって。それで中国人も入りたくなるんです」

潤日たちが取得するビザの種類

ところで、「潤」でやってくる中国人はどのようなビザを取得するのか。サポート行政法人主任コンサルタントの王雲氏が語る。

「上海ロックダウンの最中から、弊社への問い合わせが増えてきました。２０１８年ごろは経営・管理ビザがメインでしたが、最近は高度人材というビザを申請する人が増えてきました」

30代後半から40代の夫妻が子供を連れて移住してくるパターンが目立つという。

大阪在住の行政書士、澤嘉氏も、コロナ前の２０１９年に比べて、中国人の経営・管理ビザや高度人材のビザ申請案件が3倍以上に増えたと証言する。

「コロナのときに、出られないけれど先に手続きだけやっておこうという人がいました。コロナがもう完全に大丈夫になった今、『出られるんだ』ということで、余計に増えました」

実際、出入国在留管理庁の統計によると、経営・管理ビザで在留する中国人は、２０１７年6月の1万１７９１人から２０２３年6月の1万７８６２人まで増加し、高度人材ビザの高度専門職1号（ロ）の取得者は同じ期間に３０１３人から1万人超と急拡大が続く。

経営・管理ビザは、外国人が日本で会社経営や管理職として勤務するために必要な一種の就労ビザで、初回取得時の在留期間は1年間が標準的となっている。要件として、独立した事業所が日本国内で確保されている、事業の適正性・安定性・継続性を示せることが求められるほか、５００万円以上の出資、もしくは日本に居住する常勤職員を2人以上雇用することが必須だ。この最後の要件については、1人月給20万～30万円で社会保険料を払うことを考えても、前者を選ぶパターンが多いと在日中国人は異口同音に説明する。

「少し赤字とかなら見逃してくれますが、ずっと赤字ならビザが難しくなります。売上げが上がっているとか黒字になるという心象を与える必要があります」

不動産仲介業者で移民業務にも詳しい都内の中国人男性が語る。

経営・管理ビザで2021年に来日した出版業者の張適之《チャンシージー》氏がその苦労を語る。2018年からこのビザに目をつけていた張氏は当時勤めていたメディア企業のつてを辿って、深圳の移民コンサルに6万元（約120万円）を払って手続きをしてもらうものの、このコンサルの能力不足で取得に失敗した。2回目は日本在住の親戚が見つけてくれた東京の行政書士に45万円ほどを払ってことなきを得た。申請にあたっては、会社設立に必要な細々とした手続きを求められ、事務所を借り、日本側の業務パートナーを探さなければならず、結局取得までに1年半かかったのだという。

来日当時すでに45才だった張氏にとって、経営・管理ビザは、年齢制限がない、日本語レベルの要求がない、従業員として働かされることがなく自由に過ごせるといった条件が魅力的に映ったのだという。

また、出版業界でヒット作を世に出したこともあり、彼の貯蓄で500万円の資本金くらいは全く問題ではなかった。

「子供２人と妻を含めた生活費で６００万円ほど。これは北京や上海での生活費とそんなに変わりません。それ以外に会社運営に必要な事務所の賃料や税理士の顧問料などの諸経費、つまり日本への門票銭《メンピャオチエン》（入場料）が毎年11万元（約２４２万円）くらいです」と語る。

日本に経営・管理ビザでやってきている中国人は自分の職歴を活かして日本でビジネスを模索する人が多く、対外貿易、移民仲介、カフェ・レストラン経営をしている中間層が多いと説明する。

この日もいつものように自社で出版した新刊を大量に背負ってやってきた張氏は自分の月給を30万円に設定している。

「会社の利益は今のところ30万も出てませんけど」

そう語る張氏はそれでも潑剌としていて目が輝いていた。

澤嘉氏は、経営・管理ビザでやってくる人の中には不動産ビジネスに手を出す人もかなり多いと説明する。

「不動産投資をやっている人が半分以上はいると思います」

ただ、家賃収入だけでは経営・管理ビザを維持するのは無理だとも指摘する。

「あとは小物の販売とか、八百屋とかマッサージ店を実際に出す人もいます。残りの１割がコンサルティングを含めたサービス業ですね。行政書士事務所や司法書士事務所とかと連携し、お客さんを紹介する仲介会社をやっている方もいます」

申請数の多い経営・管理ビザは、東京だと取得に1年かかることもあるが、大阪だと1〜2カ月で取得可能なので、そのスピーディーさを理由にまず大阪に移住してくるパターンもあるという。

一方の高度人材ビザはその名の通り、日本の経済成長を促す観点から、高度な能力や資質をもつ外国人を受け入れることに主眼が置かれている。永住権が最短1年で与えられ、親の帯同が可能など優遇されており、高度専門職1号だと、現行制度で最長の在留5年が可能となる。具体的には、学歴・職歴・年収・日本語能力等の項目ごとにポイントが与えられ、その合計が70点以上に達した人が高度外国人材と認められる。

高度専門職ビザを取得し、今は東京ベイエリアのタワマン在住のフランク氏が申請手続きを解説してくれた。

「私はMBA卒だったので、学歴の項目はフルスコアで、職歴もフルスコアでした」

日本語はほとんど話せないフランク氏だが、年収の項目で加点するまでもなくすんなりボーダーとなる70点をクリアしたのだという。

行政書士には「ごくわずかな料金」を払ったという。今では申請が殺到しているため100万円以上することもあるそうだ。手続きは至って簡単。

「MBAを受験するよりよっぽど直截簡明です」と言い切る。

成熟した専門人材だと提出書類をあれこれとこねくり回す必要もない。

高度専門職を選ぶ中国人はどのような人が多いのか、前出の不動産仲介業者が解説してくれた。

「中国でけっこうな企業を持っている人、本人の年収が何千万円とかの人です。ここで粉飾すると税金が払えなくなります」

フランク氏の周りにいる高度専門職の人々は、米国のトップＭＢＡ卒でＪＰモルガンで働いていた人、日本語が話せる米国企業勤務経験者などでもともと年収が軽く１０００万円を超えていた人なのだという。彼自身は、自身の経営する会社は契約社員２人を抱え、設立２年目ですでに利益が出ており、法人税を払っているのだと強調した。

高度な人材向けに在留資格がさらに緩和・拡充

コロナ後に来日した中国人は永住権を取得するようになっている。

「高度人材ビザを申請して日本に入国して1年間以上普通に暮らして、会社の登記をして、自分の給与をちゃんと申告して、社会保険も全部日本の法律を守って申請していた人たちです。永住権の審査期間は半年ぐらいですので、合わせて1年半くらいで永住権をもらえたお客さんが大阪にはいっぱいいます」と澤嘉氏は話す。

実際、永住者として日本に滞在する中国人は、２０１７年6月の24万３６９０人から2

023年6月の32万4533人まで拡大した。永住者になると、ビザの更新が不要になる、就労上の制限がなくなる、住宅ローンの借入がしやすくなるなどのメリットがある。

また、経営・管理、高度専門職の2種類のビザのほか、「潤」してくる人の中には、30代であればギリギリ留学ビザでやってきて、その後仕事を見つけて通常の就労ビザに相当する技術・人文知識・国際業務ビザに切り替えるパターンもある。英語ガイドになったグレース氏がまさにその好例で、生前のAkidもこのようなキャリアパスを想定していただろう。

さらに、日本では投資家ビザに相当する在留資格が拡充されつつある。こうした動きに中国人の熱視線が注がれている。

いま、投資家ビザ創設に向けた議論が地方自治体ベースで進んでいる。2024年2月には吉村洋文大阪府知事が特区内に拠点を設けた上で3年以内に府内の成長産業に1億2000万円程度の投資をした場合などに、永住権を付与することを提案し話題となった。また、年収1000万円以上でビザ免除の対象となり、日本と租税条約を締結する国・地域の国籍をもつ外国人に在留6カ月を許可するデジタルノマドビザの発給が同年4月にスタートした。

外国人受け入れを担当する政府関係者に話を聞くと、外国人受け入れは少子化や人手不足に対応するという側面が強く、こうした投資家や高度人材をどう引き寄せるかは「国会でもそんなに議論になっておらず、ムーブメントになっていない。淡々とやっている」とのことだった。

日本はこの点では先進国からすると一周遅れだ。欧米各国では、２０１０年代にゴールデンビザとも呼ばれる投資家ビザが次々と導入された。だが、近年は不動産価格の上昇やマネロン、租税回避などといった問題が浮上し、徐々に厳格化・縮小化へシフトしてきている。

総じて、日本のビザ緩和方針は鮮明で、中国人に人気の経営・管理ビザも、２０２４年度中に事業所や出資金なしでも全国で2年間滞在できるように大幅に要件が緩和される見通しだ。

高度な人材向けに在留資格がさらに緩和・拡充されつつある日本は、ますます「潤」の人々にとっての穴場として注目されそうだ。

地下銀行を含む独自の送金方法や豪勢な会所といった中国人独自のネットワークが日本人の預かり知らないところで確実に根を張りつつある。そして日本の周回遅れのビザ要件緩和が中国新移民の殺到を引き起こしている、そんな実情が浮かび上がってくる。

これまでの旅程で明らかになってきたのは、主に東京における「潤日」の人々の知られざる動向だった。

だが、地方に目を向けると、都市部とは一味も二味も違う変化が起こりつつあることがわかってきた。

第6章 地方という開拓地（フロンティア）

2024年4月20日昼過ぎ　北海道ニセコ町

澄み渡った春の空のもと、クレーン車が資材を「ウィーン」とけたたましく吊り上げ、施工業者の男たちが基礎部分となる鉄筋を「カンカン」と響かせ組み立てていた。建設予定地の向こう側には、樹林が広がり、そのさらに遠くには連峰が聳《そび》える。オフシーズンなので背後の道々は滅多に車が通らずひっそりとしている。時折「バタバタ」と強風が音を鳴らす。

ここはニセコエリアの5大スキー場の1つから目と鼻の先という圧倒的な好立地だ。足元に目をやると、道端では溶け出した雪がサラサラと清流を成し、その合間にはあちこちに鮮やかな黄緑色のふきのとうが顔を出していた。

この巨大な区画の一角には専用の小道ができており、足を進めると目視確認しただけでもすでに4軒の独立したヴィラが完成していた。そのすぐわきには、2階建てのタウンハウスが7軒分完成していた。「104号」の物件がないのは、中国では「死（スー）」と同じ発音の「4（スー）」を避ける傾向が強いからだろう。いずれも人が中にいる気配はない。この町で外国人が所有する多くの物件がそうであるように、冬のスキーシーズンに家族や仲間と過ごすためだけに使用しているに違いない。

区画内の別の建物には、中華料理レストラン、ワインバー、クラブ、カフェ、ベーカリーにマーケットなどを含む多くの施設が一堂に集まっている。

やはり、すでにオフシーズンであるので、営業していない。ガラス越しに中を覗くと、モダンでおしゃれかつシックな内装がほどこされており、一列にぶら下げられたワイングラスや日本酒のコレクションが視野に入った。さらに、会計カウンターにはおあつらえ向きに「Alipay+」の案内があった。周辺のお店の人たちに話を聞くと、ここの「オーナー」は中華系女性だという。

実は、この区画にできたヴィラのうち1つがジャック・マー氏のもので、それどころかこの区画全体が彼のプロジェクトであることは、地元のデベロッパーの間では、公然の秘密となっている。

香港系投資家が先行して進出

現在、ニセコと呼ばれる地域は、ニセコアンヌプリ（1308メートル）を頂点とするニセコ連峰を囲む高原リゾートだ。地理的には、北海道の道央圏に属する。観光面で地域の中核となっているのは倶知安町《くっちゃん》とニセコ町だ。この地域の歴史は1892年の倶知安原野の開拓に始まると言っていい。

いまや多くの中国人にとって耳馴染みの北海道。一躍有名になったきっかけは2008年末に公開され興行収入が華語映画として史上最高（当時）となるほど大ヒットした映画『非誠勿擾《フェイチエンウーラオ》』（邦題『狙った恋の落とし方。』）だった。ロケ地となった道内各地の大自然は、誰しもが一度は訪れたい憧れの観光地となった。

中でもニセコは、「日本のなかの外国」と揶揄《やゆ》されるほど国際化の進んだリゾート地だ。上質なパウダースノーで知られ、スキー場からは蝦夷富士《えぞふじ》との異名を持つ雄大な羊蹄山《ようていざん》を臨む。幻となった2030年札幌冬季五輪では、アルペンスキー会場の候補地となっていたほどだ。

中国人による不動産開発や購入の最前線が知りたくて現地に向かった。

「ゴトンゴトン」と揺れるローカル列車を乗り継ぎ、窓の外に広がるのどかな風景を楽しんでいると、倶知安駅に到着した。着いてすぐに日本の他の街との違いに気づいた。駅周辺で北海道新幹線延伸のための高架建設が大々的に行われていたのだ。2030年度末以降に開業予定となっている。完成後、倶知安と札幌はわずか30分弱で結ばれることになる。

1907年9月14日、この駅を通過するときに石川啄木が残した歌がある。

真夜中の
倶知安駅に
下りゆきし
女の鬢《びん》の
古き痍《きず》あと

寂しさが伝わってくるこの歌が詠まれてから、1世紀あまりの時を経て、北の大地はまた新たな開拓者を迎えつつある。

駅前に広がるのは、一見どこの田舎にでもあるような寂れた街並みだ。今回車でニセコを案内してもらう地元の不動産会社を経営する香港人男性の葉文懐(レイモンド・イップ)氏(仮名)が謎解きしてくれた。

「このエリアはランドバンクとも呼ばれているんです」

見た目は普通の店舗で営業中のところもあるが、新幹線開通に合わせて開発できるようすでに多くの土地が外国人の手に渡っているという。運転席の葉氏が「あそこは香港人が買いました。あっちはシンガポール人です」と流暢な日本語で教えてくれる。見た感じごくごくありふれた一軒家を指差し、「8000万円です」と紹介する。地方にしてはありえないほどの高額だ。倶知安町が3年連続で地価上昇率全国一を記録したのも無理はない。

第一の主要なスキー場ニセコHANAZONOリゾート（香港系所有）に向かう途中で、Hanaridgeという豪華絢爛なヴィラ群の横を通過した。葉氏によると、1年ほど前に、中国人が現金で2棟を約14億円で買ったのだそうだ。リゾート地で不動産を買うに当たっては、融資が出ないので買い手が限られるとの説明もあった。

雄大すぎるほど雄大な風景の中を車で走っていると、カラフルで大きな別荘やコンドミニアムが程よい間隔で建ち並んでいるのが見えてきた。多くはスキー場から徒歩圏内に位置する。レジャー用であるため、大きなガラス窓があったり、屋根がドーム場で奇抜なデザインだったりもする。以前、私が一度出張で行ったことのあるスイスを彷彿とさせた。こうした住宅が使用されているのは基本的には冬のみで、他の時期は管理会社が貸し出すのだそうだ。

続いてニセコエリア第二のスキー場、ニセコ東急グラン・ヒラフ（日系所有）付近にやってきた。別荘プロジェクトThe Pavilions Nisekoのうちの1軒には中国で春節時に飾られる縁起物「春聯《チュンリエン》」が飾られていた。2カ月前の春節期間に大家族でやってきたときの名残りだろうか。

スキー場から少し外れたPanorama Nisekoを通過するときには、「ここはほとんど中国人が買っている」と解説があった。こうした別荘プロジェクトは、まず土地を買い、造った建築物の間に自分で道路を敷き、さらに水道を通してくるのが一般的なのだという。

もう少し進んだところで葉氏は、「ここがS氏の別荘です」と指差した。S氏は上海市出身の女優・歌手で、日本のCMに出演したことでも知られる人物だ。

さらに、葉氏によると、ひらふ地区の某ホテルは事実上中国の民間物流大手のトップによるプロジェクトだとのことだ。だが、このエリアで不動産を開発しているのは7割方香港系で、その後にシンガポール、台湾、英国やオーストラリアが続き、「中国はまだまだ少ない」とも言う。

なぜ香港人が先行しているのか。

「中国人はラグジュアリーの感覚が理解できないんです。文化レベルがそこまで達していない。ウィスラー（カナダ・ブリティッシュコロンビア州にある北米最大のスキーリゾート）に行ったことのある人くらいじゃないと、高級感がわかりません」

前出のジャック・マー氏が開発中のプロジェクトを案内しながら、10年ほど前には土地を買っていたと思われる同氏は慧眼だと葉氏は絶賛する。

「ここから上の場所は全部地元の中央バス社（北海道中央バスのグループ会社）が所有していて買えないんです。ここら辺は羊蹄山も見えて、立地がいいです。他の別荘は彼の関係者が買ってます。マー氏の『面子を守る』ってことです」

西へ向かう車が隣町のニセコ町に入ると、今度は、ある現在工事中のホテル型コンドミニアムについての説明が始まった。その見た目からして、周りの低層建築物と違い、異質感がある。地元で反発もあったそうだ。葉氏によると、香港の財閥系デベロッパーが開発しているが、実は資金は中国から出ているそうだ。

ちなみに、別の日に再訪した私は、工事現場でひと悶着の末、このホテル型コンドミニアムの建築確認表示看板を確認することに成功した。施工主は「○○株式会社　張○○」と確かに中国人らしき名前だった。工事現場の人が、聞いてもないのに「来年完成予定」と教えてくれた。

このコンドミニアムはユニットごとに販売されているのだが、地元関係者によると、地元では販売されておらず、中国で販売されているようだ。実際に、近くにある同コンドミニアムのセールスセンターへ行ってみると、ドアには英語と並んで「我們目前正与另一位客人在様板間内，請联系我們！」（今別の客とショールームにいます。連絡してください！）と、なぜか大陸で使われる簡体字で書かれていた。ちなみに、その電話に出た日本人スタッフによると、「確かに我々は地元のメインエージェントだが、今現在契約が切れており、物件を案内することができない」とのことだった。

ニセコは「中国村」になるのか

滞在中のホテルの部屋でニセコ開発の生き字引きといえる大久保実氏に話を伺う機会に恵まれた。北海道出身で、温和な雰囲気を漂わせる人だ。同氏は2003年にオーストラリア人2人と組んでニセコ初のコンドミニアム事業に参画した。彼が目をつけたのが、オーストラリアや英国では主流の「ビジットフォーリリレーションズ」。つまり、あの人がいるからあの国に行くという旅行スタイルだった。

――中国企業や中国人が投資したり、不動産を購入するトレンドは見えていますか？

2008年以降は香港やシンガポールにマーケットが広がりました。いわゆる華僑の方々はウェルカムでしたが、中国本土の人にはあまり注力しなかったです。なぜかというと、やっぱりそもそもスキー文化になじみがないというところと、中間層以上の人たちじゃないと、2週間とか1カ月もスキー場に滞在しないので。

中国人の方ではいわゆる華僑って呼ばれている国際ビジネスにある程度精通してい

る人たちにアプローチしています。同じ中国人であっても、本土の中で沿岸部の人たち――僕らはよく瞬間成金と呼んでいるんですけど、そういう人たちはあまりターゲットにしてきませんでした。

――昔から山田温泉ホテル（２０１０年に買収された倶知安町の老舗旅館）など、中国系が投資するケースもあったようですが。

そうですね。中国人の方が買って、結局転売されて。富良野でもスキー場の下のところを買って、途中まで開発して、結局撤退したり。そういう跡地が多いです。最近、売主の日本人の人もいろいろ勉強してきています。そういう事例は北海道内だとけっこうニュースになっているので、最近だと不動産を売りたい人も「本土の人にはちょっと」っていう感じになっちゃってますね。ひらふ地区の下の方で中国人が参画したプロジェクトも結局完成しませんでした。

――なぜ北海道だとうまくいかないんでしょうか？

プロフェッショナルな人が間に入っていないんじゃないかっていう気がします。その瞬間の目先のお金だけで。実現性があまり高くないのに、大風呂敷を広げてしまって。結局やり切れなくてみんな途中でやめちゃうんじゃないですかね。

——中国人スキー客が増えているということですが、今後そういう人たちがニセコに注目して、不動産を購入したり、開発したりするような兆候はないですか？

ニセコは土地の金額も昔に比べて高くなってしまっています。冷静に考えると北海道には土地がたくさんあるので、基本的には千歳空港から車で2時間くらいの距離で開発用地に手を出していくんじゃないかというふうに思います。必ずしもニセコじゃなくても。こういうやり方のパッケージはみんなわかってきたと思うので、土地を買って、スキー場だったらその近くに建物を建てて売るみたいな感じです。

——お金はあるけど経験がないということなんですかね。

そうです。いい現地のパートナーがいない。全部自分たちでやろうと思ったらなかなか難しいと思います。

一方で、大久保氏は中国人からの不動産購入の問い合わせはコロナ前の2018～19年ごろから増えてきたと話す。やはり「大きな部屋がいいとみんな言う」のだという。

大久保氏も前出のホテル型コンドミニアムには注目しており、成功した場合「中国が投資し、中国で売る」という新しい投資の雛形になってくると見る。

ちなみに、大久保氏の会社に、2010年ごろジャック・マー氏が飛び込みで訪ねてきたことがあったそうだ。

「そんな良い服着てなくて。最初なんだろうこの人？　と思ってたら、あとでそうだとわかって。ご家族含め何人かで来られていました」

お付きの人に対して大久保氏の会社がどんな建物を作っているのかを見せると、250平米の家でも「そんなに小さいの？　こんなの恥ずかしくて友達を呼べない。3世帯くらい泊まれる大きさじゃないと」との反応があったのだという。

倶知安町は2023年10月に、景観保全の観点から不動産開発のゾーニングを強化する条例改正を行った。検討委員会に入っていた大久保氏は、町の規制強化の影響で、もし業界がニセコ周辺の別のエリアを開発する方向にシフトし、さらにニセコのサービスが低下するような事態が重なって起きた場合、「どこかの時点で（市場価格が）ガクンと折れちゃう。そのときに、いよいよ中国人たちが買うチャンスがやってくるんじゃないか」と見る。

「ヨーロッパの人たちが、リーマンショック以降（不動産を）持っているのはしんどくなっちゃって、相当数中国本土の人が買った。カナダでも同じことが起きたんですよね。一時『中国村』と言われるくらいスキー場の下の別荘とかみんな中国人が買ったと聞いているんで」

地元町長は「赤い侵略」論に異議

ニセコといえば、保守派の雑誌では中国人による土地購入が「赤い侵略」などと問題視されており、重要土地利用規制法を改正して特別注視区域や注視区域に農地や森林などを含むべきとの声もある。現地の感覚を知るべく、文字一志・倶知安町長に話を聞いた。

――中国人観光客は増えていますか？　土地所有は香港人がまだ多いようですが、中国本土の人も多くなってきていますか？

中国語を話しているお客さんはけっこう増えてきています。それなりに滑れるお客さんが増えてきたなっていうのは、今年の冬すごく感じました。開発については、よくわかりません。中国本土はまだ少ないと思うけども、一部いると思います。

インタビュー後に倶知安町役場に提供していただいた統計を見ると、ビザ取得が難しくなったり福島処理水の問題などの影響もあってか、コロナ以降、中国人観光客の回復は著しく鈍い。一方で、同町における中国籍の住民登録者数はむしろコロナ後に過去最高レベルに達している。２０２４年１月時点では、５年前に比べて２倍以上の１８１人となっているのだ。また、中国・香港・台湾が所有者住所である建築所有件数は２０１３年からの10年で、４倍近く増えている。

いずれにせよ、文字町長はどこの国の開発だからと「色をつけるつもりはない」のだと説明する。外国人が入ってくる前のペンションブームのことも北海道内や本州からやってくる移住者が主体だったと懐古する。開拓地としてのオープンさがこのあたりの気質なのだろう。

――今回の条例改正で今のところ十分という感じですか？

今回の見直しはどんどん土地を取得する人が増え、日本人だけでなく、海外の方々が将来性を感じて買っている人が相当増えたということで、「まだ何も建ってないけど、そのうちわからないよねっていうところがあったときに、果たしてこのままでいいの」っていう話。「どんなことになっちゃうんだろう」と。ここに１回も来たことのない方々が、ニセコっていう3つの文字だけで「買いだ」みたいな感じでやっている可能性は多分にあるよねっていうところがあって。そこで色々な展開されても後の祭りになっちゃってコントロールできないから、なんとか誘導的に、本当に目指すところは何なのかを含めて明確に発信するべきだろうということで大幅な見直しをした。

――駅前はほとんど外国人所有になっていると聞きました。

日本の法律では全然制限かけられないですよね。町長が言ったら制限できるものでもなくて、総理大臣が言ったからってできるものでもなく。日本の法律の中でそうやっているので、「これは防ぎようがないな」と。

大きな強制力はないが、ガイドラインなどで景観を損ねないよう協力を仰いでいく方針なのだという。

――保守派の人たちは水資源が買われていると言っていますね。法律を変えるべきだという意見もあります。

けっこうゆるゆるというか、日本ぐらいいらしいんですよね。ここまで誰でも買えるんですよっていうところがね。果たしてそれがいいのかどうなのか、確かに考える必要はあるんじゃないかと。僕も役場職員から町長になって、職員時代も含めてけっこう脅されましたよ。別に僕が売っているわけではない。大手の出版社系の雑誌から何からですね、びっくりするぐらい乱暴な、「お前らはとんでもないことをやっている」という話で。机を叩かれるぐらい脅されましたよ。

文字町長としては、水資源のために森を買うなんて話はないと考えている。大久保氏も似たようなことを話していた。

「一時中国人がでっかい森林買ってますっていうニュースはすごい出たんですよ。これ、実態としては確かに大きい森林ってけっこう売買されてるんですよ。それで、土地を買ったときには、登記簿謄本とかでわかります。それを見ると、だいたい中華人民共和国って最初に書いてあるんですよ。ほとんどのマスコミの人は、『これも中国、これも中国』。その後にほとんどの場合が香港特別行政区って書いてるんですよ。白人系の香港に住んでる方が買ってるケースがほとんどなんですよ」

ただ、いずれにせよ文字町長は、大規模な土地取得に関しては日本人か外国人かを問わず、何らかの特別な措置が国レベルであっていいのではないかと語る。

最後に花を持っていた人の負け

別の日、ある不動産会社に勤め、ニセコの現状にも詳しい中国人男性が匿名を条件に話してくれた。

――ニセコにおける中国人の不動産開発状況はどうですか？

かなりのペースで入ってきています。全体的に、中華圏のうち、大陸以外の香港、シンガポール、台湾で6～7割くらいで、大陸は3～4割です。

実は、表で見えている以上に中国勢が進出しているとの見方だ。

（中国側が）求めているのが大規模開発です。何万ヘクタールくらいの。小さいのだと割に合わないじゃないですか。

――表になっていないケースもあるみたいですね。

中国国内では、外に投資することに抵抗があるんですね。風評被害というか、「なんでお金を外に出すんだ」というところがあるんで、できるだけ自分の名前を出したくないというのがあるんです。香港やシンガポール経由でということで、表は香港の企業がやっていて、裏で実質責任者は大陸の方というケースがあります。そこまで探るのは実際一緒にやらないとわからないですね。

――ひらふ地区の××（実際のホテル名）も中国系だと聞きました。

オーナーはW氏（民間物流大手の創業者）です。

葉氏から聞いていた話と合致する。

ちなみに、この男性もジャック・マー氏と接したことがあるらしい。本人が買い物したいとのことで運転手を手配したことがあると話す。

ジャック・マー氏は（このプロジェクトの）入り口にある娯楽の部屋で麻雀したり、トランプしたりしています。

やはり。少し前に東京で、ある「潤」の中国人IT富豪に会ったときに聞いていたのだ。江蘇省発祥の中国式ポーカー「摜蛋《グァンダン》」が富豪の間で大流行していると。コロナで人と人のつながりが薄くなった時期があったが、摜蛋であればコネも維持しやすく重宝するのだという。

——摜蛋ですか？

そうです。

——やっぱり、あそこは会所的に使っているんですね。

その通り。その言葉を知っているとわかりやすいですよね。そんな感じでみんな集まっています。

——ニセコで中国系の開発や進出はここ数年で勢いを感じるということですね。

やっぱり増してますね。コロナになって、（こっちで）安く買えるチャンスがあって。土地もより力を入れて転売しているっていうのもあります。それプラス、中国国内の政治も不安定な部分があって、ちょっとでも早く海外に行って安心したいという方もいらっしゃる。

――今後中国人による不動産開発や購入はどうなっていくんでしょうか？

ますます入ってくるのでは。高い金額で販売して、本当にバブルが弾けたときに、誰が持っているかということです。中国国内の人が多いので、絶対最後にそういう国内で循環して、誰かが最後の被害者になります。

彼は解説にあたって、「撃鼓伝花《ジーグーチュアンホワア》」という言葉を紹介してくれた。後々自分で検索してみると、10人くらいで輪になって、真ん中に1人が目隠しして立ち太鼓を叩くようにして、周囲の人が花を回し、太鼓が止まったときに花を持っていた人が負けという遊びだった。

すでにニセコの不動産という名の「花」は中国人の手に移りつつあり、今後その傾向がより一層強まるのは既定路線のようだ。

首都圏で進む不動産開発

建設完成まで至らないケースも少なくない北海道と違って、中国系資本の元で不動産開発が着実に具現化してきているのが首都圏近郊だ。

不動産仲介業務などを展開するフューチャーリーディング（東京都荒川区）の聞楷澧営業一部長は、同社が北軽井沢で分譲住宅を開発中だと話す。

「一戸建てを開発していて、全部で25軒あります。軽井沢は山も見えるし温泉もある『度《ドゥー》暇地《ジャーディ》』（リゾート地）ですよね。1軒1億5000万円くらいで区分して販売していて、残っているのは1軒だけです。今年（2024年）年末には完成予定で、これは弊社初めての一軒家開発プロジェクトです」

都内でファミリーオフィスを経営する男性（第4章参照）も千葉県木更津市で大胆な計画を始動させた。千葉に1万8000平米ほどの土地を買って、富豪向けに分譲住宅の開発を進めているというのだ。2025年末に完成予定とのこと。500平米のものを8億円、900平米のものを12億円、1500平米のものを20億円で売るつもりだと語る。そこまで広くない虎ノ門ヒルズや麻布台ヒルズの物件がもっと高いことを考えると、潜在的にマーケットがあると見込む。

「日本にはないタイプです。リビングだけで500平米あったりします。和室、プール、複数のゲストルーム付き。ビリヤード台、シアタールームも。別荘のような作りで、塀があって身の安全も保てます。都内では無理です。バブル後に日本のデベロッパーはこのような開発をやりたくなくなりました。

場所はアクアラインの向こう側。富士山の見えるあたりですね。木更津市です。羽田空港まで車で20分、品川まで40分、銀座まで45分です」

ただ、私が最近バスで都内から木更津に行ったときは渋滞が激しく、もっと時間がかかった。バブル期にできた高級住宅街「チバリーヒルズ」が中国人によって再現される可能性もあるのだろうか。

首都圏近郊で在日中国人を主体とする不動産開発が順調に拡大しているのは、首都圏に関連人材が集まっていることが一因のようだ。一方、東京には開発できる土地がもう残っていないのも近郊に進出していく要因となっている。

不動産開発に携わる東京在住の中国人女性に都内北部のカフェで会った。最初は緊張気味に見えたが、打ち解けると何でも教えてくれた。

「不動産開発は、一都三県、東京近郊が多めです。観光地とつながっていることが多く、ホテルや民宿ができています。富士山や白馬がホットだって聞きます。

富士山あたりには、普通の見た目でだいたい100平米以上で2～3階建ての一軒家が

15～25戸集まったようなプロジェクトが十数個はあるのではないかと思います。あとはホテルですね。あの木を切ったところと似ている感じです」

「木を切ったところ」とは、『週刊現代』が2024年2月に報じた、河口湖で、中国資本のホテルが、隣人宅のヒノキ23本を、ホテルから富士山が見えないとの理由で勝手に伐採したとされる事件だ。

彼女によると富士山やニセコ周辺で不動産を購入する中国人にはいくつかのタイプがあるそうだ。まずは投資目的の人、客室として貸し出すことで経営・管理ビザを取得しようとする人、そして自分でリゾート地で過ごす人などだ。

建設する建物は特に中国風ではないのだという。

「中国と同じだと退屈ですよね。普通の日本式のやつです。簡潔で綺麗なタイプの」

――なぜ、そういう人たちはホテルに泊まらないんでしょうか？

コロナの影響がありました。コンタクトを取らなくていいので。家庭的な旅行ですね。ニセコだと食材が提供されたりしますし、家族や友人同士で楽しめます。

英国名門校に中国の影

「息子が上海語を話せるようになったんです」

東北地方のリゾート地に鳴物入りで登場した、中国とも縁の深いインター校に通わせる中国人パパが笑いながらそう言う。

「ハロウは上海に救われました」

このパパが言う「ハロウ」とは、2022年に岩手県八幡平市に開校した全寮制のハロウインターナショナルスクール安比ジャパンだ。日本のメディアでは、同校は450年の歴史を持つ英国の名門校ハロウスクールの「姉妹校」であると報じられている。「安比の自然で名門教育」（読売新聞）、「英全寮制名門校を地域活性化の拠点に」（日本経済新聞）といった見出しが踊った。

7年生（日本の中学1年に相当）で入学し、日本への留学ビザが必要な場合、初年度の諸費用は、出願料、入学料、入学保証金を合わせて167万4000円、そこに年間の学費930万2250円を足し、計1097万6250円となる（2024年10月時点）。都内のインターと比べてもかなり高額だ。

パパとともに私と会ってくれた中国人ママは、確かに安くはないものの、中国ではスキー教室が1時間1万～2万円ほどするので、通わせる時間やお金が節約できることを考えると、それほど高くもないと話す。

「とにかく体育の授業が多いんです。体力校ですね。男の子のほうが適している」と、チャットアプリWhatsAppの画面を見せながら話す。職員が随時生徒たちの日々のアクティビティの様子を写真や動画付きで報告しているのだ。

ハロウインターナショナルスクールはタイ・バンコクにも校舎を構えるが、北京（2005年開校）、香港（2012年開校）、上海（2016年開校）、重慶、海口、深圳、南寧（いずれも2020年開校）と、中国で事業を急拡大してきた。

この安比校については、日本の複数のメディアが在日華僑の羅怡文《らいぶん》氏とのつながりを指摘している。1963年生まれで、上海財経大学を卒業。1989年に来日した同氏は典型的な新華僑だ。1992年に中文書店を創業し、在日中国人向けの新聞『中文導報』を創刊。その後CS放送「楽楽チャイナ」などを手掛けた。

家電販売のラオックスが中国の蘇寧電器の傘下に入って以降は、同社長として免税店にシフトする方向性を打ち出し、インバウンドの波に乗った。最近では、桐ヶ谷斎場などを運営する東京博善の親会社、廣済堂の買収をめぐって麻生太郎財務相（当時）の実家筋と競ったことが報じられた。もともと中国共産主義青年団幹部だった人物だ。

渋谷で開かれたある教育関係のイベントで、私は初代校長でハロウ安比校プロジェクト総責任者のミック・ファーリー氏を直撃した。

――安比校はラオックスの羅氏によって所有されており、羅一家が運営していると言われているが本当でしょうか？　本当だとすれば、どのようにして英国発の教育システムを堅持しているんですか？

安比校はハロウインターナショナルによって運営されており、クオリティはハロウロンドンによって保証されている。ラオックスの羅氏は地主で、リゾート（学校周辺はリゾート地）を所有しており、我々の仕様、そしてハロウの基準に準じて学校を建てた。運営はしていない。

結局、誰が所有しているのかについては明確な説明はなかった。

しかし、ある学校スタッフによると、

「羅氏の親族が先週も学校のアクティビティに出ていた」と言う。

ハロウインターナショナルスクール安比ジャパンの土地登記を取得すると、地上権の欄に「ラッキーラッキーコムリミテッド」「合同会社H. A. Development」の表記があった。これらの法人と羅氏との関係ははっきりとわからなかった。

この安比校には、2022年度に岩手県・八幡平市からそれぞれ1億6400万円、合計3億2800万円の補助金が、2023年度には岩手県から1億6400万円の補助金が投入されている。2022年3月に開かれた岩手県私立学校審議会議事録には、安比校の運営主体H. A. Internatinoal Schoolの設立代表者はWong Yick Ming Rosanna氏との記述がある。Wong氏は、香港住宅委員会トップなど要職を歴任し、後に、中国の全国政協香港地区委員に選出された人物だ。

結局、どこから資金が出ており、誰が運営しているのか？　ハロウ本部にメールで問い合わせてみた。担当者に何度も催促し、2カ月後にようやく回答を得た。

「ハロウスクールは、英国外にハロウブランドの学校を設立するために資金を投入することはありません。その代わり、ハロウブランド校の教育、管理、財務、その他の運営責任は、各校の所有者と運営者にあります。安比校の場合、これはアジア・インターナショナルスクール・リミテッド（ＡＩＳＬ）にあたります」とのこと。どのように海外校の教育水準を保っているのかという質問には、「少なくとも年に2回、各学校を訪問し、品質保証に努めている」と答えてきた。

安比校は現在の中国人比率について、台湾や香港の出身者を含めて30％程度だと公表している。ただ、前出の学校スタッフによると、これから中国人比率は高くなっていく見通しとのことだった。実際に、このママは「50％くらいでは」と推測する。

ママに問うてみた。

——どんな中国人が通わせているんですか？

中国人のうち、日本を拠点に生活しているのがだいたい30～40％くらいで、中国に拠点を置いているのが10～20％ほど、日中両方を行き来する人たちが残りの50％って感じですね。こういう人たちはどこにでも家を持っているので。主には上海にゆかりがある人です。

宿舎では、中国語を話す生徒もいる。だから息子が上海語を話せるようになったのだ。上海からの「潤」の動きはやはり鮮明だ。このママは語る。

ハロウは痛点《トンディエン》（ペインポイント）を解決したんですよ。

——どういうことですか？

学校が子供に留学ビザを出せるんです。他の東京のインター校だと基本的にすでに日本に住んでいる人しか受験できません。

——教育内容については満足していますか？

まずまずですね。英語のレベルがまちまちなのでクラスが分かれています。都内のインターではインド人とかが教えていることもありますが、ここは違います。先生たちは英国の有名校で修士号以上をとっている人ばかりです。とても熱心。給料もいいみたいです。北京とか香港のインター校で働いていた先生もいます。

別の中国人ママは、「運営が乱れていたから」子供を同校から自主退学させたと微信上で明かしてくれた。設立当初は、まだ一部でサービスが行き届いていないところがあったようだ。インタビューに応じてくれたこのママは、

「食堂の料理のクオリティが最初悪かったんです。それで子供を退学させた日本人がいましたね」と漏らす。

いずれにせよ、多くの日本人の預かり知らないところで、英国の看板で実は中国とゆかりの深いインターが出現していることは間違いない。

このママは興奮気味に語る。

「息子が1人で安比から東京の家まで電車、新幹線、地下鉄を乗って帰ってきたことがあったんです。親族に伝えたら驚いてました。『行方不明になったら？　誘拐されたら？』って」

中国と比べて、日本の治安の良さも折り紙付きだ。

地方高校が中国人留学生を受け入れ

中国人の低学齢留学が流行りはじめている。中学生の場合は子供の生活を支える監護者が必須となるため、留学のハードルが上がる。そのため受け入れが進んでいるのは高校生だ。特に中国人留学生の受け入れが多いのが、寮を備えた地方の高校となっている。

小紅書《シャオホンシュー》には「これらの日本の高校は直接受験できて日本の大学に進学できます」などとして十数校の地方校をリストアップした投稿がいくつもある。

房総半島の南部に位置し、太平洋が目の前に広がる鴨川令徳高校（千葉県鴨川市）の教務担当は、「10年ほど前から中国人留学生を受け入れるようになっており、生徒全体に占める割合が50％ほどになっている」と話す。校内には中国語が話せるスタッフもいる。

明徳義塾中学・高等学校（高知県須崎市・土佐市）の担当者からは、「全校生徒1000人近くのうち250人ほどの留学生がおり、そのうち中国人留学生は約200人」との回答があった。つまり、中国人の比率は2割ほどということだ。

また、岡山県の山間部に位置する中高一貫の朝日塾中等教育学校（岡山市）の国際交流部長は「6学年全体で中国人留学生が3割を占めているが、高校に該当する3学年では3割を超えている」と話す。こちらには教員と事務を兼ねた、中国語が話せるスタッフがいるそうだ。

「(中国人留学生は）徐々に増えてきています。バックグラウンドが違う他者との触れ合いは大切なので、計画的に入れていこうということです。エージェントや中国での姉妹校を通じて募集しています」

朝日塾中等教育学校では、今後については学習環境を維持するために留学生比率は3割を堅持していく方針なのだという。

「あまり留学生が増えると学びが妨げられる懸念があります。仲間内で母国語ばかりしゃべるようなことになりかねません」

楽商ジャパンは高校留学に関して中国でのマーケティングや日本語教育から試験のアレンジまで一手に担う留学エージェントだ。同社の袁列《えんれつ》代表取締役は、

「ここ10年で中国人の高校留学生は大体10倍になった。10年前には積極的に受け入れる高校は日本全国で4校程度だったが、今では20校以上になっている」と明かす。

ある日、私は中国人留学生比率がすでに一定の水準に達している某高校をはるばる訪ね

た。僻地に位置し、学校の周りには人影が全くない。怖いくらいだった。この学校の教師が、匿名を条件に全国で中国人留学生の受け入れが広がる現状について語ってくれた。

「これは日本の少子化のあおりです。生徒が減っても高校には一定数の教師が必要です。教師の人件費を払うためには、どうにか生徒を入れて、学校を回さないといけない」

だが、あまりに中国人留学生を増やしすぎると経営とは別の意味で学校崩壊が始まることになる。この教師は、「受け入れる留学生の学力にこだわらなくなると、指導できなくなった教師が辞めていき、代わりの教師を探すという悪循環に陥る」と事情を明かす。

この日本人教師は、「国際的プログラムを持たない一般の高校が受け入れられる留学生の数は全体の2～5％ほどで、10～15％までいくと違和感が出る」と打ち明ける。「中国人の学校」とみなされ、日本人生徒から敬遠される事態を避ける工夫も必要ということだ。

袁列氏は「最大の原因は中国の『中考分流』です」と断言する。中考分流とは、分流政策（早い段階で学生を分別し、大学や高校などに進学できる割合を下げる政策）の一環で、2018年に導入が始まった新たな教育制度だ。増加する一方の大卒者が就職難に苦しむ現状への対策として、大学に進む学生の数を絞るのが目的である。

高校入試（中考）時点で、約半数の生徒が高校や大学への進学の道を閉ざされる。この制度のもとで中国では大学に行けそうもなくなった子供のため、親が海外留学を用意しているのだ。

ある西日本の高校に通う現役の中国人留学生、王濤《ワンタオ》君（仮名）は、自分のクラスでは8人に1人が中国人だと教えてくれた。本人も、まさに「中考分流」そして「巻《チュエン》」が留学の理由なのだという。

「巻」とは中国で2021年に出現した流行語で、「過度な競争」を意味する。接触した在日中国人からも異口同音にこの言葉を聞いた。「大学さえ出ればいい会社に入れて人生安泰」という時代は過ぎ去り、名門大学へのレースは激化の一途だ。子供が受験で失敗すると一家が没落しかねないという焦燥感が広がっている。

王君も、中国でこの高校の評判を聞いて来日を決めた。彼が語る中国の教育熱は、日本人の想像の遥か上を行く。

「幼稚園のとき、私がまだ泥遊びをしているころに幾何学や関数を学んでいる子供がいました。私が小学校や中学校に通っていたときは、みんな楽器やダンスなどの特技を持っていました。春節で中国に帰ったときには、空港で幼稚園児くらいの子が円周率を100桁まで暗唱していました」

京都のジャック・マー邸を訪ねて

やや強い雨の降るある午後、私は「ぜいぜい」と肩で息をしながら勾配のきつい坂を登っていた。あたりはひっそりと静まり返っている。場所は京都市の景観条例の対象になっている閑静で見晴らしのいいエリア。そこに建つ豪邸は、私の持つ「家」の概念を軽く超えていた。

1万平米超の広大な敷地内に独立した豪邸がいくつかあり、私の脳裏にはなぜか貴族が優雅に和歌を詠む様子が思い浮かんだ。誰かが住んでいる様子もなく、改装も進行していないようだった。

ここここそがジャック・マー氏の別荘と見られる場所なのだ。近くには観光エリアもあるが、中国人はあまり来ないので、彼にとっては目立たずに過ごせるオアシスのような感覚なのだろう。近くまで乗せて行ってくれたタクシーの運転手が教えてくれた。

「本当のお金持ちはこの辺に住んでいます。昔は俳優などが所有してたのですが、(家族が) 相続税を払えずに手放したりしているみたいです」

この大豪邸の登記を調べてみると、長年ある日本企業が所有していたものの、2020年に所有権が英国領ヴァージン諸島（ＢＶＩ）登録の法人に移転されていることが判明した。本人の名前が出てくることはまずないので、想定内だ。ちなみに、アリババの広報を担当したことのある人は、「ジャック・マー氏はＢＶＩなどを通じて対外的にわからないように不動産を買っている。本人は不動産についてメディア報道を何度も否定してきたが、実は9割方本当だった」と明かす。

京都といえば、唐の都・長安（現・西安）をモデルにしていることもあり、中国人がノスタルジーを感じる街だ。2010年代のインバウンドブームに乗って、中国人旅行客が殺到した。

京都在住歴の長いある中国新移民が教えてくれたところによると、10年以上前に市街地から離れた京都市北西部の嵐山一帯が割安ということで知り合いの中国人10人ほどが相次いで不動産を購入したのが全ての始まりだったという。

嵐山といえば、1972年の日中国交正常化時に中国で首相を務めた周恩来氏が1919年、日本留学からの帰国前に訪れて「雨中嵐山」と「雨後嵐山」という2篇の詩を残したことで知られる。嵐山は、2007年に中国の温家宝首相（当時）も京都を訪れた際に、本人の熱望で「周恩来総理記念詩碑」を訪問するなど、何かと中国と縁の深いエリアだ。

この著名な中国新移民によると、京都御苑、高野川と鴨川が交わり南方へ流れるエリア全体（彼はこのエリアをワイングラスにたとえた）や、さらに東部の銀閣寺～哲学の道～清水寺にかけての縦長エリアも中国人が不動産をよく買うエリアなのだそうだ。

京都で中国人による不動産購入がどのように変遷してきたのかをさらに知りたく、長年地元で不動産仲介を営む劉丞氏を訪ねた。京都訛りの流暢な日本語で疑問に答えてくれた。

やはり、2010年代半ば以降、安倍晋三首相（当時）の経済政策の一環でビザが緩和され、円安とも相まって、京都の不動産投資が旺盛になっていったとのことだった。エリア的には、市内の中心地である東山区、下京区、中京区、南区だという。これまで成約に至った中国人による不動産購入の最高額は20億円近くに上るそうだ。

劉氏が教えてくれた。

「投資のニーズも常に変化していて、町屋を改装して民泊にする形がほとんどだったんですが、コロナの影響で減って、今はむしろ学生マンションを含むマンションが主流になっているんです。居住用の場合、コロナ前から移住してくる人が増えて、左京区や嵐山あたりの自然に恵まれていて交通の便もよく、買い物も便利なところが選ばれています」

コロナ禍に突入して以降は、一時期問い合わせが急増したが、直近では投資の勢いに翳りが出てきたという。どういうことか。

「やっぱり今中国全体の経済が悪い。稼ぐ手段として株や不動産があったが、それが今どちらもダメージを受けているので。そうすると手元に残っている投資用マネーがだいぶ減ってきている。中華圏でいうと、香港とシンガポールが今熱いです」

中国人不動産投資が最初に盛り上がった京都ではむしろ中国勢の退潮が目立つのだ。それには京都の地域性も関係していると劉氏は見る。

「京都も特殊な地域なんで、いざ投資すると金額が大きいんですよ。もちろん東京が1位なんで。東京以外では大阪と京都。そうすると一般の投資家からするとなかなか難しいんですね」

東京や大阪では投資用の区分マンションが多いが、京都にはそうした物件が少なく、内覧せずにはなかなか投資を決めにくいのだという。

「京都は街自体そこまで大きくないでしょう。高さ制限もあるし、土地もそもそも少ないし、日本では建築コストも今、上がっています。しかも、大都市のように31メートルを超えることはまずないので単価がすごく高いんですよ」

京都市では中国人を含む外国人の不動産購入が不動産価格の上昇に一定程度影響を与えていると劉氏は考える。確かに、地元出身の若者が、不動産価格高騰のあおりを受け、滋賀県大津市や京都府亀岡市に移住する現象が起きていることはよく知られる。不動産を中国人が爆買いする一方で、日本人が街の一等地に住む金銭的な余裕がなくなっている現象が局地的に起こりつつあると言えよう。

福岡の香港人コミュニティ

アジアの玄関口、福岡市。私が訪れたときには、いつものように、ターミナル駅の博多駅や商業の中心である天神周辺には若者の姿が溢れていた。サービス業が盛んで、九州中から若者が集まることで、全国でも珍しく人口増が続いている活気ある地方都市だ。若手の高島宗一郎市長は、国家戦略特区を活用して全国に先駆けてスタートアップビザを導入するなど、スタートアップ企業を支援してきた。

地理的には、東京・上海の東アジア二大都市のほぼ中間地点に位置する。インバウンドの黄金ルート（東京〜大阪）からは外れるエリアで知名度ではやや劣るが、コロナ前には、博多港に中国人を乗せた数多くのクルーズ船が到来していた。一方で近年中国人のみならず、香港人が移住先として熱視線を送るようになってきた。

福岡で香港人コミュニティが形成される過程で重要な役割を果たしてきたのが八方不動産株式会社だ。香港人俳優の蒙嘉慧《ムンカワイ》氏らが２０２０年に福岡市で設立した。

２００６年に初訪福した蒙氏は、まず空港と中心地の近さに驚いたという。成田空港から都心へ向かう際に「メーターが上がり、私の心臓の速度も上がった」のとは大きく違った。それから毎年1、2回のペースで福岡に来るようになったのだという。

蒙氏は福岡に対して特別の思い入れがある。

「東日本大震災が起きたばかりの２０１１年4月に福岡にやってきたときに、いつも行っているレストランのオーナーに会ったんです。

『あなたたちは、ここ最近では初めて旅行で来たカップルです』と言われました。

そのときは旅行客が突然いなくなった時期だったんです。福島と福岡をごっちゃにしている人もいました。ビジネスが大変なようでした。5年ぶりくらいでその店に行ったのにそういうふうに言ってくれた。そのとき、福岡って親切だなって思ったんです。福岡だと初めて会って、その後10年後でも覚えてくれている。東京だと最初挨拶していい感じかもしれませんが、次に会ったらまた初めて知り合う感じになります」

何度も来福しているうちに、だんだんとホテルの予約が大変と感じるようになってきた。それで福岡に居を構えることを思いついた。だが、公共料金の支払いをはじめ、当時日本語のできなかった蒙氏には苦労が絶えなかった。香港と日本では不動産売買の慣習も大きく違うことなどに気づき、会社を設立することを決断したのだった。本人は、同社では主にマーケティングを担当する。

蒙氏は、東シナ海と台湾海峡を跨いだこの二都市は空港が市街地に近いという以外にも、海に近い、総面積が同じくらい、気候が比較的似通っているといった共通点があると話す。

「私は自転車に乗るのが好きなんです。福岡は香港に比べて道が広くて走りやすいですね。能古島まで自転車で行ったこともあります。自転車でそのまま船に乗れたりするんですよね。発展する前の、以前の香港を彷彿とさせます」

香港の若者が福岡にもっとやってくるようになるかもしれないと将来を見通す。香港発福岡行であればチケットも高くなく、空港へのアクセスも良いことから、週末にぶらっと来ても十分に満喫できるからだ。近年、香港では若者の間でいったん稼いでどこかに一定期間移住するライフスタイルが定着しつつあるのも追い風だ。

蒙氏はさらに福岡推しの理由を付け足す。

「香港と福岡だと不動産価格が大きく違います。香港だと駐車場を買う価格で、福岡では家を買うことができます」

駐東京香港経済貿易代表部は日本在住の香港人の人数を公表していないため詳細は不明だが、福岡で暮らす香港人が目立って増えはじめているのは間違いなさそうだ。福岡市内のある日本語学校は、コロナ前と比べて香港人生徒数が「2〜3倍」になっていると認める。福岡で暮らす香港人たちが定期的に集まる食事会もあり、「福岡香港人協会」のようなグループをつくる構想が浮上している。

福岡で不動産仲介業に従事する別の香港人が話す。

「福岡のタワマンだと1億円以上になるんですが、買うのはほとんど外国人です」

九州一の高さを誇るタワマンのオーシャン&フォレストタワーレジデンス（地上48階建て、福岡市東区）には多くの中国人が住んでいることが知られる。この男性によると、実は上層階のプレミアムフロアでは香港人所有率が少なくとも10%に達しているとのことだ。

施工主の積水ハウスは、香港人購入者のリクエストに応じる形で水回りを増やすなど特別な対応をしたという。同社は福岡市中心部に低層マンション、グランドメゾン福岡 The Central Luxe を建設中で、最高価格となる6億円の部屋にはもともと2つのトイレがついているのだそうだ。

「積水は学んだ」と、この男性は一笑に付す。多くの日本人が知らないうちに、マンションのデザインが「脱日本化」を始めている。

始動する不動産「爆建て」計画

これ以上に圧巻なのは、同じ福岡県内の某自治体で進行中の巨大集合住宅プロジェクトだ。

ある中国人経営者から、中国の小売業大手の創業者に近い人物A氏が県内のあるゴルフ場で1万戸分の集合住宅を建設しようとしているという情報を得た。この会社自体は日本では知名度はないものの、私でも聞いたことのある程度には中国では有名だ。東京で鳴物入りで誕生した麻布台ヒルズが約1400戸、日本最多の総戸数となる晴海フラッグ（東京・中央区）でも5000戸超なので、1万戸とは浮世離れの規模感だ。

この情報源は、「中国で販売するつもりで、5万人が住むことになる」と笑う。この自治体の現人口からしても相当な数で、もし実現すれば、ここは中国新移民の町になるだろう。「行政との調整が必要で、スムーズに進んではいない」とも言っていた。

ゴルフ場に集合住宅を作るというのは日本人からすると突拍子もない考えだ。中国系デベロッパーはとにかく大きなプロジェクトを好み、何期にも分けて建設を進め、結局は大風呂敷を広げすぎて完成に至らないケースもよく見られる。そういうプロジェクトを、私は東南アジアで何度も取材したことがあった。

半信半疑で、このゴルフ場の登記を取得してみると、２０２1年3月に所有権が「○○開発」に移転していた。この「○○」は、A氏が中国で創業した不動産開発などを手掛けるグループ会社の名前と一致する。また、地元の市役所に問い合わせたところ、ゴルフ場Xで「日本一」であるかについては明言を避けつつも「かなり大規模な」開発計画があると認めた。

詳しく話を聞いてみる。正確に言うとゴルフ場に隣接する建物を建て直す形なので、特に行政上の手続きは不要であり、「(規模が）大きいのでトラブル防止のために業者に地元へ説明するよう促している」という。一方、法人登記で、「○○開発」の取締役の名前をチェックすると、日本人で、過去に地上げ関係者として報道されたことがある人物だった。

日本の過疎地に、中国人が住む区画が誕生する。そんな未来はすぐそこまできている。中国系デベロッパーは試行錯誤を経て、地方を中心に開発を進め、中国人に直接売るというパターンを身につけつつある。それどころか、いまや、地方の高級不動産開発の主役は中国大陸や香港からやってくる人々であると結論づけて差し支えなさそうだ。

かつて毛沢東は「農村から都市を包囲する」戦略で、中国革命を勝利に導いた。過疎化が深刻化し、空き地が多い地方都市はまさにスイートスポットだ。

日本人が気づいたときには、すでに地方ではガラリと景色が変わってしまっているかもしれない。

第7章　焦燥する中間層

2022年12月23日早朝　山東省泰安市

多くの関係者がウインドブレーカーを羽織ってくるような寒い朝だった。会場となった学校の室内では、大学院入試の「政治」科目が始まった。よく知られる大学入試「高考《ガオカオ》」と同じく、全国統一の試験だ。鄭思妍《チェンスーヤン》（仮名）の周りからは、ゲホゲホと咳をする音があちこちから聞こえてきた。英語のリスニングテストであれば邪魔だと感じると思うほどの音量だ。ほどなくして、後ろのほうが何やら物々しくなる気配を感じた。後方に座っていた受験者が倒れ込んだのだった。複数の試験監督に取り囲まれると、その女性は担架で担ぎ出されていった。

コロナ禍が中国で深刻化したこの年、国内全体で大学院の修士課程を目指す志願者数は、457万人と過去最高水準に達した。2017年に200万人を初めて突破したばかりで、ここ数年は大幅増が続いていた。

それこそ、命をかけた受験だった。体調が悪かろうと、欠席はありえなかった。同じ会場で「血を吐いても受験を続ける人がいた」との噂を試験終了直後に耳にしたほどだった。

鄭氏が、追い込みの勉強を始めたのは4カ月前。朝食は肉まんと豆乳で済ませ、毎朝6時ごろには大学の図書館前に立った。開館は7時半だが、席を確保するには寒空の下で列に並ぶしかない。まずはPCR検査をクリアし、開館するやいなや席を奪い合う。夜10時半の閉館時間までずっと居座り、さらに食堂で11時半まで粘る。これがルーティンだった。

特に、「歴史」科目の対策が苦痛でしょうがなかった。出題範囲が通史なので教科書11冊分の内容をそのまま完璧に頭に叩き込まなければならない。現在22歳の彼女は「院試は努力でなく運」と断言する。

院試初日の「政治」科目の受験時に目撃したこの一幕は鄭氏を慌てさせた。ちょうどその日、彼女の喉の調子もよくなかったのだ。結局同科目の試験の解答を全部埋めることはできずじまいだった。翌日、運命の「歴史」を受験しているとき、ついに熱が39度まで出てしまい、試験用紙の文字が読めないような有り様だった。その夜、彼女はPCRでコロナの陽性判定を受けた。

鄭氏の周りには3回以上院試を受けて精神状態に不調をきたしてしまった人もいる。

「理系はまだマシですが、文系は公務員以外に就職先がないんです。就職難で、それで大学院入試も競争率が上がっているんです。就職状況は非常に厳しくなっています。特に文系学生にとって。博物館について勉強していた人がペットショップで働いたり、就職先が自分の専門と違ったりします」

山東省で身分の安定した「編制」の教師になれるのは200人に1人、と鄭氏がその厳しさを語る。

「中国の受験生活が嫌になりました。全部勉強したのに合格できない。だから、日本に来ました」

小柄でおとなしい雰囲気を漂わせる鄭氏はそう説明する。両親とも教師という鄭氏は自分の家庭は体制内では中流階級に相当すると自認する。英語圏の国々と比べて費用が安いこと、親戚が日本にいたことなどを考慮し、この国への脱出を選んだ。全ては高校のときからの夢である教師になるためだ。

捲土重来、目下東京で日本の大学院入試の準備に取り組む。歴史学を学ぶべく、2024年10月に日本国内で大学院を受験する予定だ。面接のときに話すことを日本語で暗記したり、小紅書で探し出した中国人の個別教師に研究計画書を添削してもらう日々を送る。

日本は中国の第二学区

東京都新宿区高田馬場。路上には中国語を話す人だらけで、あちこちにガチ中華のお店ができており、もはや「たかだのばば」と言うよりは、中国語の「ガオティエンマーチャン」と言ったほうがしっくりくる気すらする。

早稲田大学の近くで、もともと新華僑が根を張ったエリアだったということもあり、「この一帯だけで1万人の中国人が日本語を学んでいる」（中国系塾経営者）ほどの中国人教育激戦区だ。JR高田馬場駅には、十数年ほど前から本格的に誕生するようになった私塾《スーシュー》の看板があちらこちらにずらりと並ぶ。

「只属於你的教学団隊　実学誌塾」（あなただけの教学チーム　実学誌塾）

「最讓你放心的知日塾」（あなたを最も安心させる知日塾）

「考日本TOP校、来赤門進学塾」（日本のトップ校を受けるなら、赤門進学塾へ）

いずれも、すぐに相談可能なように微信《ウェイシン》アカウントのIDやQRコードを記している。ここでも、中国国内の変化に応じる形で、変化が起きつつある。

中国系私塾が出現しはじめたのは2010年前後。業界内の複数の関係者の話をまとめると、第1世代の「行知学園」や「名校志向塾」がマーケットをほぼ寡占していた。時代を下るにつれて、「塾に通わなければ日本の大学に合格できない」という意識が徐々に中国人学生の間で広がっていった。

コロナ前後に相次いで誕生した第３世代、第４世代の塾は、「文系」「理系」など専門が細分化し、教室の内装などの付加価値も重要になってきた。開業のハードルが低いため、首都圏だけで50校ほどあるとされる。そのうち、複数の校舎を持つのは５校程度。独自の教科書で授業を実施するところも少なくない。日本の書店は大学受験の参考書で溢れているが、大学院の参考書というと、この辺りの中国系私塾が独自に中国語で編纂したものしかほぼないというちょっと不思議な状況になっている。

小紅書で宣伝し、ときには中国からオンラインで授業をするような塾も出現した。また、１００万円以上もする合格保証サービスも一時流行した。その実態は、もともと成績のいい学生に絞ったため、うまく軌道にのらなかった。さらには、大学の現役中国人教員をゲストとして呼ぶこともあるほどの力の入れよう。そういう場合は、「微信支付を使い人民元で支払うこともある」とある関係者は認める。ランクにもよるが相場は数万円のようだ。さらに、ある現役教師は自ら「合格実績」を捏造したことがあると認める。競争があまりに激化しすぎてグレーな行為も横行しているのだ。

２０１６年に創業した「青藤教育」の劉璇《りゅうせん》社長が塾内の会議室で取材に応じてくれた。赤い口紅で、真珠のイアリングをつけており、社交の場にいつでも出られそうな風貌だ。

遼寧《りょうねい》省出身で、早稲田大学大学院を卒業した次の日に会社を立ち上げた。自分自身が東京の大学院を受験するときにほとんど情報がなかったのが起業の原点なのだという。経営学的発想を駆使し、競争の激化する中国系私塾業界を生き抜いてきた。

――中国では若者の失業率が上がったり、分流《フェンリウ》政策があったりしますね。こちらでも影響はありますか？

コロナ後、中国では経済的な影響があり、国内のあらゆるセクターで一定の経済的な反動があり、単純に言えば貧しくなりました。もともと米国で勉強させようと思っていた裕福な親でも資金がなくなって子供を米国に行かせられません。英国もですが4年間学士課程に行くのは非常にお金がかかります。ですが、日本は経済的なコストはちょうどいいので、こういった人々が日本に来ています。

そして、中国が今、より深刻な学歴社会になっているということです。2023年には全国で400万人が大学院を受験しました。そのうち入れるのは100万人以下です。300万人以上が入学することができません。その後、彼らはどうすればいいのでしょうか？　多くの人は欧米に行こうとしますが、非常にコストが高いです。私は日本が最良の選択だと思います。院試に失敗した多くの人たちが日本にやってきています。

実際に統計をチェックすると、近年中国人の増加が目立つのは学部ではなく、大学院だ。中国で抜群の知名度を誇る早稲田大学で、中国人学生数はコロナ前の２０１９年5月から２０２４年5月にかけて、学部では減少したが、大学院では増加が見られた。特に博士課程では、約2倍となった。国立トップの東大でも似たような傾向が見られ、同期間に学部生はほぼ横ばいだが、修士課程在籍数は微増で、博士課程に至っては倍以上拡大した。

それから分流政策ですね。いまや半分の人が高校にも進学できません。中国は面子が大事なので、子供には絶対高校や大学に進んでもらいたいんです。中専（中等専業学校の略。職業教育が中心）を卒業した後で、日本で大学を受験したら少なくとも大学学部卒です。「僕は大学生だ、中専ではない」っていう感じになれるわけです。大学の学部に入れる割合も下がっているので、こういった人たちも日本の大学を受けに来ますね。

まるで日本が中国の第二学区になっているような現状があるのだ。

日本初の中国語MBAが誕生

東京・大久保といえば、中国、韓国からネパール、バングラデシュまでさまざまな国の人が集う多国籍の街だ。ある冬の日の宵の口、その一角にある桜美林大学の真新しい新宿キャンパスで、中国人の男女が熱気を帯びた議論を交わしていた。飛び交う言葉は全て中国語だ。

教壇に立つ中国福建省出身の女性講師は、日本でマーケティング会社を起業した経験を語っていた。そのプレゼンが終わると、長時間にわたる質疑応答が始まった。

「日本にはどのようなビジネス機会があると思いますか?」

一番前に座り熱心に耳を傾けていた中国人学生が問う。

すると講師は、中国製の商品のクオリティが上がってきており、日本でもアマゾンや楽天を通じて販売する機会が増えていることを指摘した。これを受けて教室では学生との議論がさらに白熱した。学生といっても、中国で企業を経営しているメンバーがほとんど。講師に劣らぬ経験を持っているだけに、やりとりは丁々発止だ。

私が見学を許されたこの授業は、桜美林大学が開設したMBA(経営学修士)コースだ。2019年、同大学の新宿キャンパス新設と同時に2年コースの「中国語MBA(正式名は亜洲商務管理中文班）」が開講した。授業や研究、そして論文やプレゼンテーションまで全て中国語の使用が前提になっている。

実は、すでに日本の他の大学でも中国語コースが開講している。東京福祉大学では2023年春学期から社会福祉学部など複数の学部で中国語プログラムを開始した。修士・博士論文で中国語を使用することも可能だ。また、山梨学院大学の経営学部と法学部では、2023年度から中国の大学入試テストである高考の成績で選抜を行う「高考特別入試」が始まった。こちらも入学後は中国語で授業を受けることができる。

コロナの影響で、桜美林大学中国語MBAコースで本格的に対面授業が始まったのは2023年春だった。現在は、経営者を中心に中国から来たビジネスパーソン10人が在籍する。平均年齢は35才前後で、ほとんどの学生は日本語を話せない。

米国で「赴美生子（妊婦が米国に行って出産すること）」の産後ケアセンターを、中国で民間漢方薬品関連のビジネスをそれぞれ起業したことのある張永平《チャンヨンピン》氏（44才）に桜美林大学の中国語MBAを選んだ理由を聞いてみた。

「中国ではマクロ経済が大変になっているけど、事業をアジアに横展開することは可能だと経営者の間でよく話すんです」という。

日本は進出先の有力候補の1つというわけだ。張氏は日本にファミリーオフィスのビジネスチャンスがあるのではと興味を持っている。

河南省でLNGの販売事業や太陽光を含めた新エネ関連事業を展開する経営者の郭暁《グオンシャオ》健《ジェン》氏（51才）は若いころに高等教育を受ける機会がなかった。そのため、体系的に学び学歴をつけられるこのプログラムを選んだのだという。

「日本の先進的な経営管理を中国に持って帰りたい」

郭氏はそう意気込む。

その他にも学生たちの需要はさまざまだが、なぜ日本の大学が中国語でMBAを開講するのか。背景に、国内の少子化に直面する日本の大学の生き残り戦略があるのは容易に想像できる。

しかし、それだけではない。昨今中国では経済成長が鈍化するなか、生き残り策を探るビジネスパーソンの間で「日本に学びたい」というニーズが高まっているのだ。

経営者が日本市場に熱視線

コロナ前から中国では「游学《ヨウシュエ》」（先進国を訪れて各所を視察しながら研修するスタディツアー）が流行っていた。最近では中国の経営者が投資先を探すことを視野に入れ、MBA同窓生などのグループで来日するケースも目立つ。

首都圏在住で日本への「游学」を10年ほど前から定期的に企画・実施している、在日歴の長い中国人男性が話す。

「日本への游学を実施している団体は20くらいあります。北京大学や清華大学、復旦大学のＭＢＡやビジネススクールの長江商学院などがオフィシャルに、または卒業生のネットワークでやっているものもあるし、民間の団体が主催するものもあります」

その中心になるのは30～40才くらいの大都市の企業家だ。野村證券、セブン&アイ・ホールディングス、ユニクロを運営するファーストリテイリング、ＴＳＵＴＡＹＡを運営するカルチュア・コンビニエンス・クラブ、三菱商事、東レ、日産自動車、トヨタ自動車などが人気の訪問先なのだという。

彼らの目的は、「少しだけ学ぶほか、一緒に行く経営者と酒を酌み交わし交流を深めること」（同前）らしい。

最盛期は新型コロナウイルス流行前の２０１８～19年ごろだった。年間で数百組の「游学」が実施されたと振り返る。最近は「ポストコロナ」がテーマとなることが多く、毎年１００組くらいのペースに回復してきたという。

この男性が企画する「游学」は、宿泊費を含めた費用が1万５０００～2万元（約30万～40万円）だが、４万～５万元（約80万～１００万円）で参加者を募っているケースもあるそうだ。

中国の不動産大手、万科創業者の王石氏の妻、田朴珺《ティエンプジュン》氏が始めた「承礼《チエンリー》学院」は游学のアップグレードバージョンと言える。微信の公式アカウント情報では、2019年の日本ツアー参加者は孫正義氏や建築家の安藤忠雄氏らと対面を果たした。

プログラム修了後のディナーには、日本の政財界の名士が集い、元サッカー選手の中田英寿氏の姿もあった。中国メディアの報道によると、2023年4月に東京で開催された「日中企業家交流盛宴」には、福田康夫元首相が参加し、中国人の参加費は38万元（約760万円）だったのだという。

新宿歌舞伎町で湖南菜館を営む李小牧《りこまき》氏は、著名経済評論家の呉暁波《ウーシャオボー》氏も2023年の夏に、約200人の参加者を引き連れグループで東京にきていたと証言する。ちなみに、帰国直後に、呉氏は中国の失業率悪化について「有害な情報」を流したとして微博の投稿が禁止される憂き目にあった。

中国の日本経済への関心は高まる一方だ。2023年の前半には中国経済の日本化（ジャパナイゼーション）が話題になったが、後半にかけて中国が日本のバブル崩壊後の轍《てつ》を踏んでいるという認識が広がり、さらに年末からは日本株への投資に関心が移ってきた。

2024年1月末時点で東京証券取引所の時価総額が、上海市場を3年半ぶりに上回るなど、「中国下げ、日本上げ」のトレンドが鮮明になっている。

祖国を脱出してきた中国人企業家は押し並べて日本経済の復活を固く信じている。羽振りがいいこうした人たちに取材をしていると、私は、むしろ日本人が日本経済に対して悲観的すぎるのではないかと感じてくるようにすらなった。

　桜美林大学が日本初の中国語ＭＢＡコースを開設したのもこのトレンドに沿った動きだ。このコースを統括する雷海涛《らいかいとう》教授は、「対日投資の流れが中国で活発になっており、日本経済やビジネス、業界や企業文化といったコンテンツを体系的に学ぶニーズが高まっています。中国語ＭＢＡもこのような背景のもとで生まれました」と話す。雷教授は東芝の本社で長年勤務し、中国室長などを歴任した人物だ。

「明治維新以降に産業化社会に入ってからの企業や業界の変遷、日本人経営者の哲学といった内容に学生たちは強い関心を持っています。最近注目されているのは、高齢化社会対応とか日本の家族経営の事業継承ですね。30年近くの勃興期を経て、中国の民間企業も後継者を育てたりトップが交代したりするフェーズに入っています。これらのコンテンツはもっと充実させなければならないと思っています」

　これまでも民営・新興の中国企業家の間には、日本企業をビジネスパートナーとして共に中国市場やアジア市場を開拓する試みがあった。だが、「最近は日本をマーケットとして捉える動きが出てきました。これは10年前には見られませんでした」と雷教授は語る。

　２０２４年度には在籍する学生数が20人に達する見込みだ。雷教授は「近い将来30～40人ぐらいに増やしてもいいと思っています」と強気だ。

　それも無理はない。中国では、一時期隆盛を極めたＭＢＡコースやＥＭＢＡ（経営者向けの短期コース）への締め付けが強まっているからだ。

中国ではMBAやEMBAが箔付けに加えて、経営者による人脈づくりの道具としても使われている。2014年には習近平政権による反腐敗キャンペーンのもと、共産党幹部などに対してこれらのプログラムへの参加を実質禁止する通達が出た。共産党幹部と企業との癒着の温床とみなされたからだ。

ジャック・マー氏が立ち上げたビジネススクール「湖畔《フーパン》大学」も2021年に「湖畔創研センター」への改称を余儀なくされ、その後新規の学生募集がストップした。こうした状況を反映し、アジアを中心に海外で学位取得を目指す中国人企業家が急増している。シンガポールでは中国語だけでMBAを取得できるプログラムが以前から存在していたし、お隣の韓国でも慶熙《キョンヒ》大学校が2015年に中国語MBAを始動させた。

そもそも、中国では経営者が通う定時制MBAコースの学費がうなぎ上りだ。トップ校である清華大では総額41万8000元（約869万円）、北京大では同42万8000元（約890万円）もかかる。一方で、桜美林大学中国語MBAは今後学費改定の可能性はあるものの、総額約270万円（2024年1月時点）と十分に割安感があるのだ。

さらにアドバンテージとなっているのが、日中の地理的な近さだ。中国人学生の中には、中国語MBAに在籍しつつ、中国で経営を続けている人もいる。中国語MBAで学ぶ張黎《チャンリー》平《ピン》氏（48才）は自身が深圳で創業した電子部品関連会社への関与は「毎月1回程度（オンライン）ミーティングを開く」程度で済ませているのだそうだ。これも、必要とあればすぐに中国の現場へ飛べる近さからできることだろう。中国人経営者からすると、いまや東京はデジタルノマドに最適な近隣都市になっているのである。

中国での「日本に学びたい」というニーズは日本語を学んだ人を超えて広がっている。日中両国の置かれたマクロ・ミクロ経済環境を考えると、「游学」や中国語ＭＢＡのような教育サービスへの中国側の需要は、今後しばらく増えることはあっても減ることはなさそうだ。

小さいけど確かな幸せ

２０２４年の旧正月の大晦日、私は都内の閑静な住宅地にやってきた。一連の取材を通して友人になった30代の譚浩然《タンハオラン》と周暁雯《チョウシャオウエン》夫妻が住むデザイナーズマンションの自宅に招かれたのだ。

共用のパーティースペースで大々的に春節パーティーを開くことになったのだ。集まった90後（１９９０年代生まれ）の人たちと交流する中で、中国人同士で集まると必ず話題になると言っても過言でない、不動産についての話が出た。彼女たちにとっても、不動産購入は「人生のマイルストーン」で、中国国内の都市で暮らすにあたっては不動産こそが

「帰属感」の源なのだという。

数日後、譚氏・周氏ご夫妻のお部屋にお邪魔して、改めて詳しく中国脱出の経緯や日本での生活ぶりについて話を聞いた。

1LDKではあるが、内装も凝っていて快適な空間だ。リビングの向こうには広々としたベランダスペースが広がる。それでも、訪日前に北京で住んでいた100平米の部屋と比べると、40平米ほどのこの部屋はダウングレードだ。賃料は20万円ほど。私は、2人が少し前に飼いはじめたという毛並みの美しい子犬に何度も噛まれかけた。

ちょうどリビングの壁にはプロジェクターで、中国中央テレビ(CCTV)の「春節聯歓晩会」の静止画が映し出されていた。

「5分で見ていられなくなった」と、奥さんの周氏。中国の人民解放軍の兵士たちがステージの上で整然と並び、厳格な表情で行進する出し物をやっている。

「北朝鮮みたいでしょう。日本の紅白で自衛隊が出し物するとかありえますか?」と苦笑する。

2人はもともと大学を卒業後にネット企業などで勤務してきた。中国の典型的な都市型の新興中流階級といえる。高校生や大学生といった多感な時期には、教室で中国の近代史について忌憚《きたん》なく話せる雰囲気がまだあった。インターネット黎明期で当局の規制をかいくぐるのも比較的容易だった。今では考えられないような機会の窓が開いていたという意味で、自分たちの世代を「絶版」と表現する。

日本行きを決めた大きなきっかけは、2022年夏、北京のマンションで局地的ロックダウンを経験したことだった。

妻の周氏は強迫性障害の診断を受けたこともあり、5日間にわたるロックダウンは「牢屋に入れられている」ような恐怖感があった。出られない、選択肢がないという状況に焦り、とにかく落ち着かなかった。彼女は、夜中の日を跨ぐタイミングでロックダウンが終了するやいなや、マンションの外に出て、たまらずに大きく円を描くように走り回ったのだという。

「五感が復活する感覚がありました。近くの羊肉串焼き店の匂いが漂っていて」と、開放の瞬間を生き生きと振り返る。

また2022年末に、薬をもらいに北京の精神科病院に行ったときにも衝撃を受けた。老若男女のうつ病患者が、建物の外まで行列を作っていたのだった。

「もし私が中国で何らかの理由で捕まったらどうなります？　3年牢屋に入れられるだけで廃人になるでしょうね」

夫の譚氏は、反日感情を持つ親族に日本行きの理由をうまく説明できず、「リストラされたので仕事で行くことになった」とだけ伝えてある。実際に、彼が身を置くネット企業界隈は、米国からの資金で成り立っていたところも少なくなく、周りではリストラの嵐が吹き荒れていた。年齢を重ね、中間管理職となっていた彼は、自分のクビが切られるのもそう遠くないかもと察知し、大きく環境を変えることを決意した。今は、中国人向けの不動産代理店で、次々とやってくる顧客に仕える日々だ。

2023年4月に周氏は技術・人文知識・国際業務ビザで来日。実は、飛行機が苦手で、空港まで来たものの3回フライトを断念。夫の譚氏に1日遅れて日本に到着した。4年前に旅行で来た品川の交差点にまた立つことができて本当に嬉しかった、と振り返る。

「日本での生活は、歳月静好《スイユエジンハオ》（平穏な歳月を送る）ですね。小確幸《シャオチュエシン》（小さいけど確かな幸せ）を噛みしめています」

2人は東京で各種イベントに参加するのが趣味。昨夜も2人で帝国劇場へ出かけオーケストラ演奏会を見てきたばかりだし、周氏は少し前に行った玉置浩二のコンサートでその歌声に感涙したのだという。日本に来て涙もろくなったようだ。

「この間、バスに乗っているときに青い目の外国人の男の子がこっちに手を振ってきて、私も振り返したんです。そのとき、なぜか涙が流れてきました」

夫婦が北京で所有していたマンションはまだ値下がりの始まっていないタイミングで2022年に売り抜けることができた。一方で、深圳に持っている別のマンションは6000万円ほどの値段で、すでにピークから30%ほど値崩れしてしまっているという。すぐにというわけではないが、ゆくゆくは日本の地方都市で不動産を買いたいそうだ。

日本人の私の世代からすると、かなりいい暮らしに思えるので、聞いてみた。

――日本人が貧しいと思うことはありますか？

日本人はお金がないふりをよくしますね。知り合いの日本人女性が結婚式を開く準備をしていて、６００万円くらいかかるらしいですが、資金集めに苦労しています。「貯金がない」って。

周氏は、私に配慮してか直接には答えなかった。

２人は日本で生活する中で、中国の金銭的な物差しだけで社会的な地位が決まる価値観が揺さぶられるようになってきた。周氏は、日本で身体障害のある女の子が自分の車椅子をデコレーションしているのを見て、「あんなにかっこいい車椅子見たことなかった」と感嘆する。

ダウン症の子供もよく見かけます。中国ではほとんど見ないですね。中国では出生前に何度も検査します。障害を持つ子供がいると周囲の注目を集めるし、家族の恥という認識があるんです。捨て子にしたり。

夫の譚氏が会話に加わってきた。

本当に悲惨ですよ。養育できなくて殺したり。報道はないですけど、今でもあるでしょう。

2人は小紅書のユーザーだが、聞くとこれが厄介なのだそうだ。譚氏が「日本の犬は中国の犬より幸せ」というタイトルで投稿したときは、中国国内のユーザーから批判コメントが殺到した。

「お前は日本の犬だな」といった具合だ。

IPアドレスが日本というだけで、投稿には批判的なコメントだらけ。

「小日本」

「まず福島の汚水を飲みな」

そうした罵倒《ばとう》にはまともに取り合わないことにしているのだという。

「はいはい、あなたは正しい、すべて正しい」

「偷着楽《トウチュルー》」（外交部のスポークスパーソンが2021年に言及し流行った言葉で、こっそり楽しみなさいの意）

「遥遥領先《ヤオヤオリンシエン》」（中国ははるかにリードしてます）といった風刺《ふうし》の効いたコメントを返すのみ。

２人は「中間派」を自称し、極端な考え方はしないようにしているという。国外にいるので、中国について考えても何も参与できないという考え方のもと、最近では中国のニュースも積極的には見なくなってきた。

実は夫妻は冒頭に登場したAkidのことを昔から知っていた。「組織的な攻撃があったと思います。小紅書や抖音《ドウイン》（中国版TikTok）に明らかに事実と異なる投稿が大量にされていたので」と、周氏は推測する。

優秀なエンジニアが日本に流入

中国人エンジニアも一部が日本へ流れてくるようになってきている。

稀有《けう》なことに若くして大成して移住してきた郭宇《グオユー》氏（第４章参照）は、日本で真剣に次のビジネスを見据えている。注力するのはインターネット以来の技術革新といわれる生成ＡＩの領域だ。

郭氏は２０２２年に会社を設立し、当初は分散型データベースといったWeb3.0を主な業務としていたが、２０２４年に入ってＡＩを使った消費者向けのアプリ開発を目指すようになった。現在は社員11人をかかえる。郭氏がXで中国語で自社社員を募集したところ、なんと1000人以上から応募があったのだという。チャンスさえあれば日本に移住したい中国人エンジニアが一定数いることをうかがわせる。

日本はコロナをきっかけにリモートワーク、キャッシュレス決済、フード注文アプリの浸透率が高まり、日本政府もデジタル政策を推進するようになった。日本は何かと固執しがちだが、いったん変革が始まると、断固として変わっていくので、今後10年から数十年にわたって関連マーケットが存在し続けるだろうと郭氏は睨む。

日本でAI業界が飛躍するかどうか聞いていると、人材、そして移民受け入れの重要性に話が及んだ。

――こうした変化の中で、中国人が果たす役割はあるのでしょうか？

日本企業や外国企業の両方が中国や他の国々から人材を引き抜いており、大学も同様です。私はかつて、バイトダンスで働いていたエンジニアで、現在東京大学で研究に従事している人を3人知っています。これは時代の背景もあります。彼らは国内で最新のモデルにアクセスできないのです。日本に仕事を移すことでより安定し、長期的な機会を得ることができると考えています。

実際には多くの機会があり、多くのエンジニアが技術を有していますが、日本の企業とのマッチングが非常に難しいです。日本企業が日本語または英語のレベルの要求をするのが主な理由です。ここには非常に大きな断層が存在します。これは日本社会の特殊性によるものですよ。単一民族の社会だから。米国で仕事を探す場合、少しでも英語ができればいいですが、日本ではそうではありません。要求される言語レベルが高いです。

――日本政府の移民政策をどう思いますか？

日本政府は海外のエンジニアを日本に引き付けるために最近、デジタルノマドビザを導入しました。でも、その有効期間はわずか6カ月です。そのため、ネット上ではこの措置を皮肉だと感じる人も多いです。なぜなら、このビザを取得した後、彼らは銀行口座も携帯電話も開設できないからです。実際、日本政府が強力に推進しているものの、日本全体が彼らのペースについて行くのは難しいと感じます。例えば、住居や携帯電話です。外国人が日本でアパートを借りることは難しいことも多いです。これらの問題を解決するには長い時間がかかるでしょう。

――政治と社会は全然違うということですよね。

その通りです。

ある日本のIT企業に勤める中国人女性は、「10年前ごろから中国のIT企業の発展に伴い、日本で優秀な中国人エンジニアを採用するのは難しくなってきていました。しかし、上海でロックダウンが始まった2022年4月以降には中国の名門大学でエンジニアを専攻した在校生・卒業生から応募がくるようになりました。以前にはなかったことです」と話す。

さらに、「(福島第一原子力発電所の)処理水の問題が出てきた後、多くの(中国)メディアがプロパガンダを流しましたが、『985大学(北京大学や清華大学を含む39校の重点大学)』の卒業生など頭のいい人たちは躊躇《ためら》うことなく日本に来ています」と証言する。

別の日本の大手IT企業に勤める中国人男性は、「いま相当な数のITエンジニアが中国から来ています。ただ、ほとんどの人は下請け企業に行っています。『潤』で急いで日本に来た人は準備不足で、日本語スキルが足りないことが主な原因だと思います。日本企業は全般に採用が保守的で、入社には日本語能力を必須としていますから」と説明する。

郭氏も中国のAI人材が日本に定着する可能性は小さいと考える。たとえ日本に来たとしても、就職先は労働環境が整っており、賃金レベルも高い外資企業だろうとの見方だ。

つまり、日本で働く意欲がある中国人エンジニアは少なくないのだが、こうした人々が日本人が経営する大手企業で働くような動きにはつながっていないのだ。中国人トップエンジニアの奪い合いが世界で続いている。日本はこのような新局面でうまく適応できているだろうか、と心配になってきた。

いずれにせよ、日本に大挙してやってくる中国新移民はタワマン住民や超富裕層だけでなく、いわゆる中間層に相当する人も一定程度含まれていることがわかった。祖国の経済減速の煽りをモロに受けたこうした人々があの手この手で新天地・日本に活路を見出そうともがいている。

これまで見てきたように、「潤」の人々は大別すると「良好な教育」や「資産の保全」を求めて日本へやってくる。「潤」の全体像を把握するために欠かせないもう1つの要素が「言論の自由」だ。必死の覚悟で自由を求めて日本にやってきた中国人たちの声に耳を傾けてみよう。

第8章　リベラル派知識人大集結

2022年4月25日昼過ぎ　香港特別行政区

「あれが私たちを苦難に満ちた海から救い出すノアの方舟だよ」

搭乗の時間が迫る中、趙国君《チャオグオジュン》氏は子供たちに見せるようにして、東京行きの日本航空26便をガラス越しに指差した。その機体は、香港の雨季に特有の濃霧の下で鎮座していた。

そう話しているうちに、北京で住んでいた社区（都市における基礎的な行政区画）の居民委員会から「どこにいる？　コロナが蔓延してきた。帰ってこられないか」と電話がかかってきた。居民委員会とは、日本の自治会に相当する組織で、ロックダウン時に住民の行動を厳しく管理したことで知られる。あと1日出発が遅れていたら局地的なロックダウンに巻き込まれて祖国を脱出できなかったかもしれない。
搭乗すると、趙氏はこれまでは注意することもなかった飛行ルートマップをいつまでも凝視していた。

「飛行機が香港を飛び立ち、そして台湾の上空を進むとき、心が安らぎました。そしてまもなく沖縄や鹿児島を経て、また一段と心が安らぎました。

あの日、成田空港に到着して、また涙を流したんです。地面にキスしたかったけどちょうどいい地面を見つけられなかった。これが私の気持ちでした。

わかりますか？　日本が私たちを救ったんです。

わかりますか？　中国で長い間公民権運動家として活動し、長期間にわたって抑圧され、そしてついに逃げ出せたあの日に感じたあの自由、日本に感謝する気持ち。

あなたには想像もできないでしょうね」

北京で年々縮小する言論空間

社会活動家の趙国君氏は、法曹界を中心に活躍してきた。２００５年からは、リベラル派弁護士や法学者を招きサロンを主催するようになった。実際にレコーダーを携えて法曹関係者にインタビューに行くようになったので、今で言うところの「自媒体《ズーメイティ》」を当時すでに始めていたことになる。ただ、活動は2008年の北京五輪を境に暗転しはじめる。

サロンを開くことが困難になり、一時は体制下の新聞『法制日報』でエディターとして働いた。その後一転、芸術サロンをスタートさせた。だが、憲法が改正された2018年以降は知識人同士で集まることすら困難となり、最終的に食事会に移行した。

それでも、嫌がらせが相次ぎ、レストランの入居するホテルに当局から圧力がかかり、「水道管が破裂した」「停電した」など不可解な理由で開催できなかったりすることもあった。また、安倍元首相が2021年に台湾のシンポジウムで「台湾有事は日本有事」と発言して以降は、日本大使館主催のイベントに参加することもできなくなった。そのころ、自宅の周辺に監視カメラ2台が設置され、一挙手一投足が「国安《グオアン》」(国家安全部)に把握されるに至った。

最も恐ろしかった経験の1つが、2007年に起きた一幕だった。その日、趙氏は買ったばかりの日産ティーダで彼の言うところの「ナンバーワン」である劉暁波《リウシャオボー》氏(民主活動家で、2010年にノーベル平和賞を受賞。2017年に事実上、獄中死)を自宅まで送り届けた。翌日、区レベルではなく北京市の国安がやってきた。

「彼は『ネジ』と言った。最初はネジが何のことなのかわからなかったんです。私の車の特定のネジを緩ませ、交通事故を装うことができるということだったんです！　それがわかると私は激昂し、彼を面罵しました。まあ、大ごとにはならなかったですが。ちょうど猫とネズミのような関係です」

——どうして当局は最終的に趙さん一家の離中を許したのでしょうか？

形を変えた国外追放なのかなと疑っています。つまり、国外行きを許可する。彼らは比較検討するでしょう。私は日々各種活動を組織しているわけで。私を排除して、面倒を省こうとしたのかもしれません。

経営・管理ビザで滞在する趙氏の心配は絶えない。2022年8月、最初の決算時は自身の会社と友人の貿易会社とプラスチック管を売買し、薄利多売で乗り切った。書店を開いてからは、家賃や従業員の賃金などで毎月100万円ほどが飛んでいく。最近は、人脈を活かした移民関連の仲介業務で本屋の損失分を補っているのが実情なのだという。次の更新では在留期間3年の経営・管理ビザが取得できるよう希望している。

2023年の暮れ、古書街として知られる東京神保町の一角でまもなく開業する局外人《ジュワイレン》書店を訪れ、趙氏に初めて会った。私が中国のリベラル派サークルにいたことからの安心感なのか、微信《ウェイシン》でつながってすぐに面会を快諾してもらえたのだった。

広々として優雅なクラシック音楽の流れる店内で１人座っていた趙氏は豆タンク体型。まずは、ゆっくりと私に握手を求めてきた。薄縁の丸メガネや左手に収まった木製のパイプがいかにも知識人といった風貌だ。さっそく尋ねてみた。

――開店前の気持ちはどうですか？

一昨日、突然涙がこぼれました。

たった１人で店内で泣いたのだと言う。感傷的な一面を持つ人のようだ。

――それは今座っているこの位置でですか？

はい。１人でどんな気持ちだったと思いますか？　始めのうちはこの書店にとても期待していたし、書店の夢が実現することがとても嬉しかったし、本当にわくわくしていたんです。じゃあなんで突然悲しくなったかって？　値札を貼る作業などあまりに多くのことがうまくできていないからですよ。お湯の沸かし方もわからない、コーヒーもちゃんと淹れられない。書生特有の恐怖感ですね。

おしゃべりな趙氏は続ける。

妻に言ったんです。我々門外漢がやっている。ハハ、まさに局外人がやっているってね。

意外によく笑う人だなと思った。そしてエネルギーに満ち溢れている。何度も辛いことがあったはずなのに、いや辛いことに耐えられるのはこのような楽観的な態度が必要なのだろうか。

「よく笑う人ですね」と伝えると、趙氏は嬉しそうに満面の笑みをまた浮かべた。書店の日本語名は「アウトサイダー中文館」。局外人ということは、自分がすでに民権闘士のサークルから外に出たことを意味する。パレスチナ系米国人の文学批評家エドワード・サイードがかつて本当の知識人は傍観者でなければならないと唱えたことにも由来する。

我々が今座っている長机は壁一面の本棚に囲まれる形となっている。そのほとんどが趙氏の所蔵する中国語書籍だ。本棚から取り出して見せてくれた劉暁波著の本には本人の直筆メッセージが添えられていた。

店内の片隅には絵本のスペースもある。そして、別の一角にある棚にはなぜかカラフルなカウボーイハットがずらりと並んでいた。趙氏の趣味なのだ。本当に本人が手作りで作り出した書店という感じで、商業的な匂いが一切しない。そもそも店内で自由に閲覧できて、会員になると本を借りられるという珍しいタイプの「書店」なのだ。販売している本はほんのわずかで、商売っけがまるでない。

インタビューも終わりに近づいたころ、切り出された。

「そうだ、２人で飲みながら話そう。内山書店の近くに生魚片《シエンユーピエン》（魚の刺身）がすごく美味しい店があるから」

そうして誘われるままに飲みに行くと、砕けた雰囲気もあって一気に親しくなれた。奢ると言うので、そのまま言葉に甘えた。普段は取材相手に奢ってもらうことは控えているのだが、中国のルールではこういった場面で奢りを断るのはあまりに野暮だから。なるほど、趙氏は中国人らしいコミュニティービルダーだなと実感した。

東京が知識人にとっての最前線に

いま、中国とゆかりのある書店が都内で相次いで誕生している。これまでに見られなかった動きだ。都内で華語書籍を扱う店といえば、神保町の老舗の内山書店や日本橋に進出した台湾の大手チェーンの誠品書店などの前例があるが、本格的な華語書店が相次いで開店することそれ自体が、中華圏から東京に少しずつ知識人が集まってきている証左と言えるだろう。

その嚆矢《こうし》となったのが、2023年8月に東京・銀座にオープンした単向街《ダンシャンジエ》書店だ。開店した翌日の日曜日にさっそく駆けつけた。白を基調にした外見がおしゃれだ。中に入ってさらに驚かされた。縦長の自動扉が開くと、左手手前には黄色の螺旋《らせん》階段があり、その奥にかけては両面に本棚がずらりと並び曲線を描いていた。そこから見上げると吹き抜けになっており、開放感が抜群だ。1階にはカフェ機能が備わっており、2階はイベントを開けるスペースが広がる。

主に中国で出版された書籍を扱い、日本語や英語の本も販売している。本の展示方法1つをとってもデザインが凝りに凝っている。テーマ的には、日中のみならず、アジアの知識人や思想家を幅広くカバーしている。

その日は、香港を拠点に活躍する著名ジャーナリストで香港バプテスト大学准教授も務める閭丘露薇《リュチュールーウェイ》氏が登場し、彼女の新刊発売を記念するイベントが行われていた。20ほどある席に空きはなく、日本人は私1人のようだった。去年頼まれて彼女の参画するジャーナリズム関連の学術誌に寄稿したことがあったが、初めての面会となった。ちょうどこのころからだった、東京が彼女のようなジャーナリストを含む知識人の集合場所になりつつあると確信したのは。

遡ること2カ月余り前、私は東京大学駒場キャンパスの大講義室の真ん中でマイクを片手に立っていた。ポッドキャスト番組「不明白播客《ブーミンバイボークー》」の東京ファンミーティングで進行役を仰せつかったのだ。

この番組は毎回中国の時事問題を真剣に取り上げ、番組ホストでニューヨーク・タイムズ・コラムニストの袁莉《ユエンリー》氏がゲストに不明白《ブーミンバイ》（わからない）ことを聞いていくというスタイル。世界の華人圏で人気となっており、Spotifyの米国ニュース部門では唯一非英語番組でトップ20入りしたこともあるほどだ。

袁莉氏、そして私も以前香港でお会いしたことのあった香港メディア「端伝媒《ドゥアンチュアンメイ》」創立者の張潔平《チャンジエピン》氏の2人の前で話すのは光栄だった。何より驚いたのは駆けつけた200人ほどの聴衆の熱気だった。言うまでもなく、このようなイベントを開くのは北京では絶対に不可能だし、いまや香港でもクエスチョンマークだ。

話を単向街書店に戻そう。仕掛け人の1人は、中国で独立系書店「単向空間」などを運営し、中国でよく知られる知識分子《チーシーフェンズ》の許知遠《シュージーユエン》氏。故・坂本龍一氏をはじめとする世界のオピニオンリーダーと対話してきたことで知られる。初の海外店となるのがこの銀座店というわけだ。

独立系書店とはチェーンではない特色のある書店で、オーナー独自の観点を前面に押し出す形態。イベントが開催でき、コミュニティ形成の意味合いも強い。北京に住んでいる人なら誰もが知る独立系書店は、なんといっても北京大学近くに佇む万聖書園《ワンシェンシューユエン》だろう。天安門事件の学生リーダー、劉蘇里《リウスーリー》氏が1993年に設立して以来、今も生き残っている知識人御用達の書店だ。

一方、私が銀座の単向街書店に入って真っ先に思い出したのは、北京在住時に足繁く通った老書虫《ラオシューチョン》書店だった。華やかな商業地区である三里屯《サンリートゥン》ヴィレッジから、いつも激しい渋滞でクラクションが鳴り止むことのない工人体育場北路を挟んで向かいのビル2階に入居する本屋で、店内には中国関連の英語書籍がぎっしりと並び、まさに都会のオアシスだった。

2019年に、その老書虫が閉店したと微信のニュース記事で知ったときはショックだった。まさかそのような空間がここ東京で再現されるとは、である。

秋の夕暮れどき、出張ベースで日本を頻繁に訪れるようになった許知遠氏と銀座店で待ち合わせた。店に入ってきた彼は中で待っていた私に「ごめん、ごめん」と申し訳なさそうだった。正確には彼が遅刻したわけではなく、私がただ早めに来ていただけなのだが。誠実な人だなと好感を持った。

ライオンヘアーで、丸顔に四角い縁の眼鏡をかけた許氏は、モデルと見紛うようなすらっとしたスタイルで、軽く7頭身か8頭身はありそうだ。真っ白なシャツをまとった彼が、目の前でジーンズを穿いた両足を組んで座る。彼と話していて私の脳内に浮かんだ形容詞は「俏皮《チャオピー》」、日本語だとお茶目とか粋とかいった意味だ。話すときの手振りも激し目で、さすが表舞台に立つ人は他人からの見られ方を意識しているのだろうと思った。

――どうしてあなた方、中国人知識人はこんなにも日本に注目するんですか？

今でも日本がミラー（鏡）だからです。

清朝末期、日本は大国でした。（当時、ロシアに戦争で勝利するなど）日本は西洋にインパクトを与えました。日中両国には似たところと似てないところの両方がありま す。さらに20世紀には日中間で大きな戦争も起きました。

確かに、中国の知識人は日本の明治維新について、「なぜ中国では近代化が進まなかったのか？」と批判的な立場から捉えがちだ。知り合いで肌の黒さがトレードマークの張適之氏は、中国の出版業界に長年勤めてきたが、環境が悪化したことを受け、最近日本に移住してきたばかり。彼は最近簡体字書籍の出版を東京で始めた。

そんな彼とある日カフェでおしゃべりしていると、「最近、下田へドライブに行ってきたんだ」と聞かされたことが思い出された。下田といえば、米国に最初に開港を迫られた街だ。中国の知識人は、国内の官製メディアで散々汚名を被せられている靖国神社がどんなものなのか実際に見て回るのが大好きなのもこの界隈ではよく知られる。

許氏に続いて問うてみた。

――あなたは1970年代生まれですよね？　あなたのような知識人は中国でどのような役割を果たしてきて、最近はどのような存在になりましたか？

この質問については、彼の回答が事前にある程度予想できた。彼は今でも中国に住んでいるのだ。オンレコのインタビューで言えることは限られているはず。でも、やっぱり聞いておきたかった。たとえ回答が奥歯に物のはさまったようなものだったとしても。

1980年代に知識人は非常に重要でした。私たちが大学を卒業した2000年前後には知識人の役割は少しずつ周辺化しはじめたと思います。経済成長の時代でしたので。ここ10年はスター文化が比較的重要になったので、知識人は周辺化してきました。ここ数年はもっとそうなってますね。

学界もメディア業界も非常に難しくなり、言論空間がなくなってきたので変化を迫られたのだという。中国がエンタメ一色となり、もはや真剣に社会問題を議論できる雰囲気ではなくなっていることは私も身をもって感じてきた。

我々は周辺化の運命を受け入れます。でも、我々はそれでも小さなことを少しはすることができるのです。

そう言う許氏に悲壮感はなかった。カラッとした大陸人のしたたかさだろうか。東京の華人知識人サークルに深く潜り込むと、自然と新情報が耳に入ってくるようになった。そんな中知ったのが、また別の書店ができるということだ。

飛地《フェイディー》書店の支店を東京にオープンする計画も進行中だ。

飛地書店はもともと前出のジャーナリスト、張潔平氏が2022年に台北に1号店を立ち上げた。その後、脱出してきた中国人知識人が集うことで知られるタイ北西部のチェンマイに2号店をオープン済み。東京の飛地書店は、フルオープンを前にした現在、新宿御苑前駅近くのアナーキズムをテーマとするショップ「イレギュラー　リズム　アサイラム」の一角で書籍やグッズを販売中だ。

関係者によると、東京店では、主に台湾や香港で出版された本を扱う予定とのことだ。

独立電影《ドゥーリーディエンイン》（インディペンデント映画）を放映したり、スタンドアップコメディの上演も視野に入れる。ルーツやテーマや雰囲気的にも、局外人と単向街とではベクトルが違うので、うまく棲み分けていくことになりそうだ。

こうした書店では思想家らを招いて頻繁にイベントが開かれるので、日本の書店と違いサロン的な意味合いが強い。知識人であれば、顔見知りと集う場ともなる。会員制を採っている書店であればなおさらそういう傾向が強くなる。そして、場合によっては書店が「潤」の人々に雇用を提供することにもなる。潤の人々にとっては、こうした書店は欠かすことのできない精神的な支柱となっていくだろう。

私が北京に住んでいるときに、よく「北京のどこが好きですか？」と聞かれたものだ。そういうときは決まって「知識人が自由闊達に国家の大事を議論しているところです」と答えていた。いまや東京が中国人リベラル派の最前線となりつつある。

絶対数としてはまだ少ないながらも、民主主義や法の支配など日本人と価値観を共有する中国人が日本に流れ込むようになってきているのだ。日本に移住してきた知識人と話していて、見えてくるのは、北京五輪後に言論空間が縮小しはじめ、習近平時代が本格化するにつれ、こうした人々の活躍の場がガクッと少なくなった現状だ。

不自由化のトレンドに伴って、各々信念は変えずに臨機応変にやることや、所属先、居住地を変えたりしたものの、２０１８年の憲法改正やその後のゼロコロナ政策が最後の一撃となり、その空間がいよいよ真空に近いほど圧縮され、国を捨てるという決断に至ったという流れだ。

習近平氏に権限が集中するにつれ、当局にとっても、「厄介者」が「厄介なこと」をすると、自分にまで火の粉が降りかかって責任を負わされるという恐怖感があり、知識人への圧力がより過剰になってきているのだ。中国では敵国とみなされがちな日本だが、現実を客観的にそのまま認識することのできる知識人の目には、歴史と文化が豊富な国として魅力的に映る。

清朝末期との共通点と相違点

私の古くからの友人である作家・コラムニストの賈葭《ジアジア》氏に、彼の目に映る近年の中国メディアの実情を改めて語ってもらった。

――運営していた「大家《ダージア》」ではどのようなトピックを扱っていましたか？

「大家」で在日華語作家たちには明治維新や天皇といった大きなテーマではなく、どうやって電車に乗るか、どうやってスーパーで買い物するか、どうやって子供を学校に送るかといった身近なテーマで書いてもらいました。

これは、中国メディア業界で一般に「反射性報道」とも言われる。ある国のある事柄を伝えることで、暗に中国の問題を仄めかす手法だ。2012～13年ごろには、「大家」で日本関連の人気記事が続出し、ピーク時には半分近くが日本に関する記事だったこともあるそうだ。

――特に、どのような記事が人気だったのですか？

日本の歴史、生活、文化風習、あとは日中関係についての記事は比較的人気でしたね。姜建強《きょうけんきょう》さんが書いた天皇史に関する記事はすごく読まれました。唐辛子《とうがらし》さんが書いた日本の育児や教育についての記事も読まれましたよ。あとクリック数が多かったのは蔡孟翰《ツァイモンハン》さんが書いた「三渓園記」、日本の園林デザインについて書いたものです。

――そのとき、親会社のテンセントや当局から反応はありましたか？

テンセントのトップ層は支持してくれてましたよ。たくさん付加価値が付きますから。もともとテンセントは自分たちのポジションがあったわけですが、「大家」はリベラルなポジションに偏っていました。牆内《チアンネイ》（壁の中）では得難いコンテンツを出すプラットフォームだと多くの人が認めてました。当局はもちろん不満でしたよ。多くの記事が削除されました。

――いわゆる反射性報道は「大家」以外のメディアにも広がったのですか？

少しありましたね。例えば雑誌の『知日』や『東方歴史評論』とか。

最近、中国人知識人が日本に相次いで移住してきている現象については、1895～1920年代半ばごろの状況と似ているところもあると賈葭氏は見る。

当時、魯迅《ろじん》、梁啓超《りょうけいちょう》、孫文《そんぶん》といった進歩派の中国人文学者や思想家が日本に滞在していた。混沌とした清末から中華民国初期にあって、彼らは日本で貪欲に西洋思想を身につけた。当時、東京では、清朝打破を目的とする中国同盟会が設立され、横浜では『清議報』や『新民叢報』といった雑誌・新聞が誕生した。日本側も中国の動向に関心を持ち、政界では犬養毅が、民間では宮崎滔天《とうてん》や梅屋庄吉といった人々が反体制派の中国人を側面支援した。

賈葭氏は、日本で中国人知識人が増加していることから、今後は中国の教材を使わない中国人学校、そして中国政府の影響を排した形で、中国系メディアアプリや中国系出版社などが日本に登場する可能性があると予測する。

ただ、「当時と違うのは、中国国内の政権党が海外でより広範な干渉能力をもっていること」と、当時と条件が違う点も強調する。

コラムニストが懐古する黄金期

秋の深まった別のある日、もう1人の在日有名中国人コラムニストに会うために京都へ足を運んだ。待ち合わせの阪急西院駅前にそれらしき男性の人影をとらえた。事前に彼のYouTube動画を見ておいたので間違いない。心に描いていた通り、おしゃれなハットをかぶっていて、まるでプロレスラーのように体格がいい（彼がMMA（総合格闘技）を習っていると知ったのはこの直後だ）。近くのカフェに入り挨拶を交わすも、初対面で少しぎこちない感じが否めなかった。きっと人見知りなのだろう。

この男性こそ、ちょうど10年前に京都に移ってきた五岳散人《ウーユエサンレン》氏だ。

メディア業界に入ったのは1997年で、2003年ごろからは中国の『新京報』や『南方都市報』といったリベラル派として名高い新聞でコラムを次々と発表するようになった。

草の根的な思想で根強い人気を誇っていた週刊紙『南方週末』で同時に記事が3本載ったこともある。来日直前の2013年には、毎日1編は書いていたという。これは誇張でもなさそうだ。友人の郭氏も、「ある編集部を訪ねてきて、その夜一緒に飲み食いした後、エディターが明日記事が欲しいと五岳散人に頼んだら、その場でパソコンでカタカタとすぐに書き上げた」との伝説が残っていると笑っていた。

五岳散人氏からすると、1994年から2008年にかけてはメディアに若干の自由があり、黄金時代だったのだそうだ。

「読者には論評への飢餓感がありました。『自分もそう思っていた』『誰かが代弁してくれた』って。エディターのところに毎日のように手紙が届いていました。『この人は間違っている』との批判もありました。若者からの反応もありました。みかんやお酒といったプレゼントが届いたこともありました」と目を細める。

彼の書く記事は、国内で次々と転載され、知名度は急上昇した。だが、その間も、メディアへの締め付けが少しずつ強くなっていくのを感じていた。

移住のアイデアが出てきたのは、ガンになった妻が療養先として日本を希望したことだった。

今は貿易会社や饅頭《マントウ》ショップを経営する傍ら、YouTuberとしても活躍している。スマホで自分のYouTubeチャンネルのデータを見せてくれた。毎月動画配信だけで数百万円の収入があるのだ。

「本当のこと、思っていることを話すだけ。見る人がいるかとかお金を稼ごうとか考えていない」

人気の秘訣はと尋ねると、「視聴者に自分の話が伝わるよう、複雑なことを簡単に言うんだ」と説明してくれた。なるほどこれは深い。

「日本にやってくるメディア関係者はYouTubeでひと山当てようという人も少なくないですね」と話題を振ると、無言でかすかに首を振り、そう簡単でないことを暗示した。新聞だけでなく、ラジオやテレビなどあらゆるメディアで露出した経験があることがここにきて活きているのだそうだ。

確かに彼の言う通り、日本で成功している人といえば、もう1人は中国中央テレビ（CCTV）に勤めていたインフルエンサーの王志安《ワンジーアン》氏くらいだ。

そして、五岳散人氏は、突然私の着ていた灰色のジップアップパーカーになぞらえて、自らの政治的立場を紐解いて見せた。

「ジップの左側が中国文化、右側が中国共産党だとしましょう。つまり、ガッツリ絡み合っていて、不可分なんです。私は反共というだけでなく、反中なんです」

さすが当代中国随一のコラムニストだけあって、比喩表現がうまい。

共産党政権が倒れることがあっても、動乱が長く続くだろうとの判断で、中国に帰るつもりはないという。台湾では独裁体制が倒れて実際に民主制度が機能するようになるまで20年かかったことに鑑み、たとえ「今日の午後」中国共産党政権が倒れたとしても、20年後は自分が71歳の高齢になってしまうので、余生は京都で過ごすとすでに決めている。

インディペンデント映画を守る

知識人と同様に、文化人が中国から日本へ次々と拠点を移してきている。画家から陶芸家、詩人に音楽関係者まで、在日中国人に会っていく過程で多くの名前を聞いた。

新宿区のとある小さな公園で王宝飛《ワンバオフェイ》氏（仮名、33才）と待ち合わせた。彼は、この界隈で取材を始めてから、いくつかのイベントに出席する中で何度か言葉を交わすようになった監督だ。独立電影とは、政府の管理体制や商業映画システムから独立しているという意味で、中国では１つのジャンルとして確立している。

小柄で、メガネをかけており、その日は編み模様のパンツとスニーカーを履いてやってきた。温かな雰囲気を持った人で、20代前半に見えるほどの童顔だ。他人との間に全く壁を作らない感じでとっつきやすい。そして、芯のある人だ。

「日本の警察は超級《チャオジー》友好的です。中国だと勝手にドアを破って入ってきます」

２０２３年春に北京から東京に拠点を移したばかりの王氏はそう呟く。かつて中国には、地下でドキュメンタリー映画を撮った監督が、欧米で賞を獲得しスターダムに登り詰めるというキャリアパスがあった。

だが、2012年に習近平政権が登場して以降、インディペンデント映画業界は徐々に追い詰められていき、北京、南京、雲南で開催されたインディペンデント映画祭は2020年までに全て終了となった。

——なぜ習近平氏はインディペンデント映画祭を閉鎖に追い込んだんでしょうか？

彼らが何を考えているかわからないですが分析してみますね。彼らの支配の論理からすると「独立」という2文字がすでに忌諱《きい》に触れるんでしょうね。日本政府と違って、全体主義の政府は手中の一切をコントロールしたいと考え、コントロールできないと自分にとって脅威だと捉えます。

それから芸術家は一般的に自由を追求しますから、こういう人たちが組織を形成するのを恐れます。そして、芸術家たちは記録をしますね。インディペンデント映画は社会の発展に参与していくので。ほら烏坎のこととか。

烏坎は、抗議活動を経て、2012年に異例の普通選挙が実施され「民主の村」として脚光を浴びた広東省汕尾市の村落だ。

日本に来たのは、作品の安全のためです。私の作品は未来の人に向けたものなのです。

彼が中国で撮った歴史をテーマとする作品は全て未公開のままで、採算は取れていない。日本に来た最大の理由は、自分が苦労して作った作品が保存されているハードディスクドライブをせめて守り通すこと。そう語る王氏の目に私は魂を見た。

彼が知っている範囲だけでも、ここ３年ほどで自身を含め７人ものインディペンデント映画監督が日本へ渡った。これからもっと増えるかもと話す。インディペンデント映画業界でお金を稼ぐことは容易ではなく、自由が保障されかつ生活コストの低い日本が受け皿になっている現状がある。王氏自身は、撮影や編集、そしてたまに記事を執筆することでこれまで４万〜５万元（約80万〜１００万円）ほどの収入があったものの、それでは日本語学校の学費や生活費は賄えないので、貯蓄を取り崩してなんとか糊口《ここう》を凌《しの》いでいる。

中国で習近平国家主席への権力の一極集中が進む中、政治的リスクが今後増大するだろうという判断も祖国を離れる決意をした理由の１つだ。いったん戦争でも起きれば、社会に対するコントロールがさらに強まるだろうとの懸念がある。２００２〜２００３年、そして2020年にそれぞれSARS（重症急性呼吸器症候群）と新型コロナが中国発で広がったようなことがまた起こらないとも言い切れない。もとより、経済悪化も深刻に受け止めている。IT業界に勤める友人が過去1年で2回もリストラされたと訴える。

王氏は別の同年代の中国人に「潤」を勧めているのだという。

単刀直入に言えば、70代や80代の老人だったら、おそらくもう焦燥感はないでしょう。人生の後半戦ですから。でも僕の友達はまさに私たちと同じで、ちょうど30才を過ぎて人生の最盛期という時期です。未来への期待は明るいほうがいいですよね。私たちのようなわずかでも正常な人は、未来への展望がどんどんひどくなってきています。だから2022年からアドバイスしているんです。「一緒に日本へ行こう」って。

彼は迷っているけどね。まだ結婚してなくてガールフレンドはあっちにいるし。僕が日本に来て以降、こっちの生活を写真でよく送って見せてますよ。

今後数年で「潤」ブームはより加速すると王氏は見る。

末班車《モーバンチョー》（最終列車）ですね。

――どういうことですか？

今後数年で中国政府はカネの流出が多くなったことに気づくかもしれないです。そうしたらプロセスを滞らせるかもしれない。プライベートで出国できなくなる事態です。旅行はダメとか、資料に不備があるとか難癖をつけたりして。

――中国で人々が本当のことを言わなくなってきていることへの失望もあるといいます。どういうことですか？

ここ日本でも偽善的な社交辞令を言う人はいますよ。でも嘘は言わないですよね。なぜでしょう？　本当のことは日本の環境では保護されているからですよ。中国だと、本当のことを言う人は損をしますよ。損をするだけでなく、困ったことが起きます。

さらに続ける。

例えば、私が帰国すると、日本はどうだと聞いてきます。親戚から「大勢の人の前で日本がいかに優れていて、中国がいかに劣っているかを話すな」と言われました。

王氏はここ日本であっても「習近平」という人名を決して口に出さない。普通は「那个《ナーガ》人《レン》」（あの人）という言い方をし、場合によっては「猪頭《ヂュトウ》」（豚の頭）と呼ぶ。後者はもともと馬鹿という意味があるが、習氏の容姿を揶揄《やゆ》する意味も込められており、中国ではセンシティブな言葉になっている。

そんな王氏を震え上がらせたのが、数年前に北京在住の友人に起きたある事件だ。その友人はある日Twitter（現X）で2つの投稿をリツイートしただけで懲役1年の実刑が下ったのだという。

——そのとき、どう思いましたか？

ちょっとした発言で、内容のあるものじゃないです。胡錦濤と温家宝の時代（2002～12年）だったら最大でも警告程度でしょう。当時すごく怖かったです。この基準からすると中国でいったいどれだけの人が捕まるんだろうね。

——どういうツイートだったんですか？

ただの肉まんのツイートだよ。肉まんがボロボロになっているやつとか。わかりますかね。風刺《ふうし》したやつですよ。丸焦げで餡《あん》が顕《あらわ》になった肉まんとか、そういうやつです。

習近平氏が2013年の冬に何の変哲もない北京の肉まんチェーン「慶豊包子舗《チンフォンバオズプー》」に姿を現し、自ら肉まんを購入したことがあった。それ以来、習氏のあだ名が「肉まん」になった経緯がある。

中国は社会のオペレーションコストが高いです。セキュリティチェックとかあるし。でも、新宿駅は毎日100万人の乗客がいるのに、セキュリティチェックなしで全然問題ないじゃないですか。

王氏は、日本の基準では治安がやや悪いこの一帯から、遠く南の方角を指差して訴えるようにそう語った。

「亜州こもんず」に身を寄せる人々

開放感のある1階のリビングの真ん中にぽつんと置かれた中華式の方形机に座ってあたりを見渡すと「歓迎回家《ホワアインホイジャ》」(ようこそお帰りなさい)という文字がハートマーク6つとともにホワイトボードに書かれていた。

その隣の壁際には中国人の友人がプレゼントしてくれた掛け軸や美しい調度品がずらりと並ぶ。奥を見やると2階の台所スペースが少しだけ窺える。一番印象的なのが中国西北地方で見られる横穴式住宅ヤオトンと旧中野刑務所正門を模したガラス張りの玄関部分だ。日本のような塀ではなく、他人を歓迎する中国らしさ、そして欧米的なルールに基づく統治を同時に象徴している。

東京・中野区の住宅地に2022年秋完成したこの「亜州こもんず」は、中国人や香港人の避難港だ。ここには、政治的事情で弁護士資格を奪われた女性弁護士、ゲイのジャーナリスト、#MeToo運動を牽引してきた女性とそのパートナーなど、言論活動への統制が強まる中国などから逃れてきたゲストが宿泊してきた。

現代社会の専門家、東京大学大学院総合文化研究科の阿古智子教授の自宅を兼ねている。中国の知識人が東京に再び集合しはじめている現状をどう見るか、実際客員研究員などの形でそういう人々を受け入れている本人に直接聞いてみたかった。

阿古教授は言う。

「今まで香港でやっていたような講演会ができないから、香港中文大学の代わりに東京大学がやってるみたいな感じで言ってくる人もいるんです。そういう感じで中華圏の言論活動を活発にやっていきたいです。理性的に思考して、しっかり学術的にも深めていくみたいな、そういう活動で社会的にも意味があるものを。若い人に対して啓蒙をしたいっていう意識も強いですね。やっぱり学問っていうのは自己満足で終わるんじゃなく、いろんな人に影響して、社会のことを一緒に考えていくという。清末の救国思想みたいなものも中国の人たちはあるかもしれないですけど」

――そのころにちょっと似てきているんではないかという見方もありますね？

まだまだですよね。危機意識を持っている人がどれくらいの数いるか。秦暉《チンホイ》先生の講義を聞きにくるけど、自分はちょっと傍観みたいな、知っておこうみたいな感じでくるけれども、そんな深くコミットしようというわけでもないでしょう？

秦暉氏は、「潤」してきた中国人たちが近年日本に移ってきた知識人の例として真っ先に挙げる歴史学者・経済学者だ。リベラル派の大物で、2015年には中国がいかにして清朝帝政の呪縛から解き放たれ、立憲民主主義の約束が崩れ去ったかを検証した著書『走出《ゾウチュー》帝制《ディージー》』（帝制を抜け出す）が発売停止に追い込まれた。今は東京大学で客員教授を務める。

彼の秘書があるとき、「秦暉先生は昔は両岸三地《リャンアンサンディー》（中国大陸、香港、台湾の俗称）を行き来してたけど、いまや太平洋の両岸三地を行き来している」としゃれを口にしていた。このところ秦暉氏は、東京大学以外にも、ハーバード大学やスタンフォード大学のある米国とを行き来する日々を送っているのだ。

阿古教授は、こうしてやってくる中国人知識人が何かの力となるのは、「中国が経済的にも軍事的にもかなり厳しい状況になったとき」だと見る。例えば、台湾有事を含む戦争のような危機が目前に迫ったときには、共産党に異論を唱えるように何らかの組織的な動きが出てくる可能性があると指摘する。

かつては同業者から「活動家」とも呼ばれた彼女は、中国共産党政権にものを言う中国研究者という立場を確立し、いまや日本における中国研究サークルでど真ん中に立つ人物と言っていいだろう。昔の中国ベッタリの学者や、経済協力を優先する財界、中国という国をただただ毛嫌いする右派とも違う、新たなフロンティアを開いたように私には思える。今日の取材の合間にも産経新聞社から携帯に受賞のお知らせがあったり、リベラル派のTBSラジオの取材を受けるなど、八面六臂《はちめんろっぴ》の活躍ぶりで引っ張りだこだ。

インタビュー当日は、沖縄から来た首里城の地下に眠る戦跡の保存を目指す団体を受け入れており、台湾在住の米国人ジャーナリストやウクライナ人学者らさまざまなバックグラウンドの人を含めての夕食会が開かれていた。

また別の日にお邪魔すると、今度は東京で学校受験を控えた香港人や、最近日本に移ってきたウイグル人青年らとの夕食会が開かれていた。ますます悪化するウイグルや香港の現状を耳にし、私を驚かせた。

「悲しまないで。悲しむと向こう（中国政府）は成功したと思うから。だから楽しく過ごそう」と、阿古教授が声掛けしていたのが印象的だった。

第二の孫文は生まれるか

実は、日本における知識人の大集合は、「官製」という側面もある。

日本では、国際交流基金や外務省のプロジェクトで、まず日本とパイプがあるような人を招聘《しょうへい》する動きが2010年代に本格化した。その後、中国で影響力のある知識人を呼ぶ方向へさらに進化した。近年、拠点を日本に移す中国人知識人は、そうした招聘で日本に足を運んだことがある人、または観光ビザの緩和で日本へ旅行をしたことがあるという人がほとんどだ。

２０２１年には中国のネット上で、「日本の外務省が招聘した一部の中国公知《ゴンジー》（公共知識人）リストを暴露」と題して、外務省のウェブサイトや国際交流基金の報告書をもとに、招聘された人々の名前が出回ったことがあった。

その中には、局外人書店を経営する趙氏の名前もあった。趙氏によると、流出は「私たちに害をもたらすものではなかった」ものの、趙氏の故郷に住む農民たちは、このニュースを知って驚き、怒り、「我々一家に漢奸《かんかん》が出た」と噂になったそうだ。

外務省で中国人知識人の招聘を主導したのは２０２３年末に中国大使を離任した垂秀夫《たるみひでお》氏だ。それが彼の「最大の功績」（外務省関係者）という評価すらある。

２０２４年が明けてほどなく、外務省を退官したばかりの垂氏に話を聞く機会を得た。応接室に現れた彼は背広に革靴ではなく、グリーンの上下で靴もカジュアルだった。

１９８９年の天安門事件後に日本が中国共産党を支援する形になったことを受け、中国の知識人が日本への関心を失っていた状況下で、そうした人たちの招聘を始めたのだと経緯を明かした。中国で未来永劫共産党の支配が続くわけではないという見通しに基づく戦略なのだろう。

ただし、チャイナウォッチャーからは反体制的な知識人を側面支援することは彼ら彼女らを追い込み、危険にさらしているだけではという批判もある。日本で特に有名な香港の民主活動家、周庭（アグネス・チョウ）氏は国安法に違反したとして２０２０年に逮捕され、その後カナダに事実上亡命したことを発表した。

——そうした批判にどう反論しますか？

反論なんかするつもりないよ。何もしない奴はしなければいいじゃん。（中国で）何か起きたときに何の関係もないっていう。それだけじゃん。やらない理由は山ほどある。10でも20でも１００でもあるよ。「やらなければいい」って。

役人によくある事なかれ主義とは真逆である。

日本側は、中国の知識人に日本の選挙戦を見せたことがあった。与野党候補の街頭演説を見学させ、総務省に選挙制度やルールを説明させたりし、最後には自民党本部のバラ付までセットした。

「私は北海道で1日に3回、安倍さんと握手しました」とか言って。「中国では政治局常務委員とそんなふうに握手できない」とか言ってさあ、偉い感動してるわけよ。ああ、面白かったよ。本当いろんなことやったよ。

目の持病のせいか、時おり瞼を閉じながら、彼は振り返った。

垂氏は、将来何十年後かはわからないが、これまでに蒔いたこうした「種」がいつか「収穫」できるときがくると信じている。

中国の内情をいま日本で最も知るであろう男の大局観に基づいた見通し、そして知識人とつながっていくべきとの戦略に、日本は今後どのように呼応していくべきなのだろうか。そして、日本から次の孫文が出てくることはあるのだろうか。

ある土曜日、早稲田の雑居ビルで近代史に精通した作家の傅国涌《フーグオヨン》氏の講座を聞いたあとで、そんな話題を振ってみた。

傅氏は、都内で「在東京重造中国（東京で中国を再建する）」というテーマで清朝末期に日本にやってきた中国人思想家についての連続講座を開いている。その日のテーマは、日本ではほとんど無名の秋瑾《チウジン》という日本留学経験のある女性革命家だった。

傅氏は、２０１１年10月10日に『中国経営報』に発表した「１９１１年、清朝滅亡前夜」という記事が中国で注目された。書き出しはこのように暗示的だった。

> １９１１年、北京を支配していた人々は、自分たちの時代がもうすぐ終わるとは１人も考えていませんでした。（中略）上から下まで全員です。彼らの日記には食事や贈り物の記録がつづられており、はたからは本当に繁栄している「盛世」のように見

えました。

連続講座を主催する弁護士の伍雷氏は、「みんな誰が第二の孫文になるか、どこから登場するかわからないけど、そういう人は必ず出てくるよ」と呟いた。

知識人コミュニティの構築へ

特に招待状はもらっていなかったが断られもしないだろうとの魂胆で、２０２３年12月の週末、開業イベントが進行中の局外人書店にまたお邪魔した。オープン日を思想家、胡《フー》適《シー》（１８９１～１９６２年）の誕生日に合わせたと聞いていた。

胡適は日本での知名度は低く、私も中国でその著作に初めて接した。米国留学中にデューイのプラグマティズム哲学を学び、辛亥革命後の中国において新しい中国人精神を模索するため、白話《はくわ》（口語体）運動に取り組んだことで知られる。

北京大学で教鞭をとったほか、中華民国の民主派として活躍し、１９３８年には駐米大使となり、新中国成立後は米国に亡命、晩年は台湾で活躍した人物だ。中国リベラル派の祖と言っても過言ではないほど界隈で尊敬されており、その人気ぶりは日本でよく知られる魯迅を凌ぐほどだ。

ビル2階の書店の扉をそろりと開けると、中にはすでに30人ほどのゲストで満員で、立ち見の人もいる盛況ぶり。日本人は私だけだ。

アットホームな雰囲気に包まれる中、1人また1人と挨拶があり、商売の成功を祈り、趙氏を激励する声が続く。北京からわざわざ駆けつけた人もいた。そして、例の長机に置かれたパソコンのZoom画面に見覚えのある人がきちっとした正装で映っていた。趙氏と長年親交がある著名なリベラル派法律学者、賀衛方《ホーウェイファン》氏だ。

賀氏は、1989年に天安門事件に参加し、1995年からは北京大学の教壇に立ってきた。2012年には論文やスピーチなどをまとめて英訳された『In the Name of Justice: Striving for the Rule of Law in China（正義の名のもとに――中国における法治のための奮闘）』を上梓した。民主化と司法改革を訴えてきた彼が今日なぜリモート参加なのかは言うまでもないだろう。いまや、辺控《ピイエンコン》、つまり、出入国禁止措置が採られているのだ。前日に北京国際空港まで行ったものの出国審査でストップがかかったらしい。

当日、駆けつけた人たちは最近「潤」でやってきた人だけでなく、ひと昔前までの新華僑の面々もあった。出版業者の張適之氏と目が合った。イベント後みんなが表の通りに出てきたときに彼が私に呟いた。

「新世代の移民が旧世代を活発化させている感じがするね」

祖国で同志が厳しい境遇にある中、自分だけ安寧の異郷に辿り着き、慣れない書店経営を始め、それでも知識人としてネットワークを築き根を張って生きていく。趙氏が幾度も流した涙の複雑さが今なら少しわかる気がする。

ただ日本に渡ってくるのは、私たちが共感しやすいこうしたリベラル派の中国人だけではない。もっと思想的に多様なバックグラウンドを持った人々だ。

そういう人々の中でAkidがどのような立ち位置にいたのかもクリアになってきた。

私にとって最後の旅が始まろうとしていた。

第9章　抗議者、小粉紅、支黒、大外宣

2019年7月1日昼　千葉県成田市

海月《クラゲ》（仮名）が搭乗する旅客機が着陸したのはその日のお昼時だった。夏にもかかわらず、過ごしやすい気温だった。機内には中国人の同胞が多く、異国での新生活が始まった実感はまだない。

彼女が持ってきた2つのスーツケースは合計で100キロほどにもなった。まるで引っ越しだ。友達から貰ったプレゼントなど日本では買えないものを詰め込んでおいた。いつまた祖国に帰れるかわからなかったからだ。

待ち合わせしていた白タクを探すときにようやく「日本語の世界」に入り、来日の実感

が湧いてきた。

深く記憶に刻まれたのは、その日の空の青さだ。車が都内へ入っても、空が透き通っていることが驚きだった。銀座を通り過ぎるころにはちょうど美しい夕焼けがのぞいた。

「都市と灰色の空がセットの人生でした。田舎ならわかるけど都市でもそうなので『マジか』って」と回想する。

車外に広がる光景は彼女が育った中国の田舎とは何もかもが対照的だった。

「国内だと車の窓にホコリがたまっているんですが、他の車も全てピカピカで。建築材を載せている貨車《フオチアー》（トラック）さえもピカピカで。建築現場もすごくきれいで。ゴミが飛んだりしてない。中国だと道にゴミがないとか見たことないんで」

興奮気味にそのときの感動を表現する。

「きれいすぎて。きれいすぎて」

急ごしらえで白紙運動を決行

彼女は身元が中国当局にバレるのを恐れて、実名や出身地を明かしたがらない。私もあえて彼女に年齢を尋ねたことがない。彼女の安全を守るため、ここでは外見上の特徴などを一切記さないこととする。

海月氏が海外移住を考えはじめたのは、来日から遡ること1年の2018年だった。彼女が大学に入学して山村で教育支援を行うNGO（非政府組織）に参加したばかりのころは、まだ公民社会が活躍できる空間があった。だがNGOへの弾圧が2016年ごろから強まったのだという。

「他のNGOに所属する知り合いの人が行方不明になった」

決して完璧ではないが十分に流暢な日本語でそう明かす。

「その人は労働者権利のNGOの人なので、ちょっと敏感な話題だね。知り合いが行方不明になることはすごく衝撃的で。いいことをやるのに、なんで政府側はそんなことやるのと思って。この国でいいことやるのかも、また自分のNGOもいつまで続けるのもわからないし、不安になって、やっぱり海外に行こうと思って」

コロナ禍が本格的に始まった2020年に、海月氏は日本で大学に入り直した。

2022年11月26日、ウルムチ火災に端を発した白紙運動が中国で広がりはじめた。インスタライブで上海のデモの様子を見ていて、「これやばいな」と思った。

そうして中国のデモ参加者向けに安全ガイドを作ることを思いついた。国内でデモのやり方を知っている人が少なかったので、香港の経験をもとに、留意点をまとめたのだった。「警察の動きをよく見る」「ひとりぼっちになってはいけない」「撤退すべきときは撤退する」といった具合に。

「微信だと投稿が消されるので画像にしました。そのときは（生成）ＡＩはまだないので。ＯＣＲ（画像データのテキスト部分を認識し、文字データに変換する光学文字認識機能のこと）も、そこまで発展してなかった。画像の向きを少し変えてね。画像だったら、Air Dropを使って現場で広げられる」

徹夜して結局27日の午後まで、そうした情報を少しずつ「李老師《リーラオシ》不是《ブーシー》你老師《ニーラオシ》」（「李先生はあなたの先生ではありません」中国で起きた白紙運動の様子をTwitter（現X）をはじめとするＳＮＳでリアルタイムに発信し続けた匿名アカウント）のInstagramにＤＭでシェアした。

そうこうする間に、デモに関心を寄せる在日中国人によって構成されるTelegramのグループが大きくなりはじめて、最終的に約１０００人まで膨れ上がった。27日夕方にはＪＲ新宿駅西口で小規模な集会が開かれたが、不眠不休だった彼女はその時間帯には疲れからすっかり寝落ちしてしまっていた。

グループでもう1回集会を開きたいという要望が上がっていたので、再度30日より本格的な集会を開く方針が固まった。海月氏は宣伝用ポスターや現場用のパネルの制作を担当することに。デモに参加するのは初めてで勝手がわからなかった。パネル用にＡ１サイズのものを印刷する必要があり、急遽プリンターを借りたのだという。

集会前日の夜に執行部がオフラインで集まって、香港デモの経験をもとに「誰でも参加していい」「皆で同じシュプレヒコールは叫ばない」といった方針が決まった。

当日の夜、JR新宿駅南口前には数百人の在日華人が集合し、規制線が張られるほどの混雑ぶりとなっていた。それはまた、中国政府に不満を募らせてきた人々にとっては、異議を表明するまたとない機会となった。

私も現場にいたが、「穏健派」と「過激派」でスペースが区別されており、多種多様な訴求がごちゃ混ぜになっていたのが印象的だった。

――あの日どういう気持ちでしたか？

悲しい。今まで何をやってきた？　なんで自分の国はこうなっちまった？　悔しい。自分で何もできないの。

ちょっとだけ希望が見えたって感じ。今まで怖がってたのは、周りにやっぱり中国政府を支持する人、中国政府はいいと思ってる人が多くて、まあ洗脳教育の理由もあるから、その人たちは責めないけど。客観的に言えば、そういう人は多数派ね。だから、中国政府はどこどこがよくないじゃないとか、そういう意見とかも全然言えなくて。

ちょっと孤独で、怖くて、ずっとそういう状態のままだったけど、白紙運動のころは一気に自分と似たような人が見つかって、思うより集まっていくなあって。文句と不満がある人はそんなに多いんだ、って。まるで真っ黒の中でちょっとだけ光が見えたって感じ。

集会の方針は、Telegram のグループ全体で投票して決めた。賛成が多かった。

中国人でも民主制度ができることを示しています。まだ民主の段階でないという言い方への反論になります。だから中国人はまだ希望があると思う。特に若い世代は。

——帰国は全然してないんですか？

基本的に帰国しません。危ないし、帰る必要もないし。帰化して中国の国民でなくなったときに安心して帰れます。

香港が「壊される」まで

かつてはアジアで唯一無二の輝かしい国際金融都市だった香港から次々と人々が逃げ出

している。大多数は英国やカナダに渡るが、その一部が日本へ流れてきている。香港から福岡に移住してきたアンディ・ステラ（仮名）夫妻に話を聞くことができた。２人とも30代。日本語で簡単な単語をときどき挟む以外、基本的には広東語での回答が続き、通訳に助けてもらった。

ステラ氏はコロナ禍が本格化する直前の２０１９年末に日本へ移住してきた。

「日本語の五十音も知らないのに来たんですよ」と、声を出して笑う。

英国政府が香港人向けの特別ビザの導入を発表したのは、国安法が施行された２０２０年６月。当時は海外脱出といえば投資移民くらいしか選択肢がない中で、条件が緩い日本の経営・管理ビザに注目した。香港人の家系を辿ると、もともと大陸に住んでいたという人も少なくない。２人の祖先にも大陸出身者がいる。ステラ氏のお母さん側の祖父は日本軍占領下で大陸から香港に南下してきたそうだ。

「そんな時代を経た人が日本に来るのはリインカネーション（輪廻転生）みたいですね」と、また微笑した。ステラ氏は外向的でお喋り好きという印象だ。

――２０１４年に雨傘運動を皮切りに香港で反政府運動が盛り上がりはじめて以降、運動にどのように参加してきたんですか？

夢で散歩したんです。

まず、顔の彫りが深く俳優のような感じのアンディ氏から不思議な答えが返ってきた。私はしばし考え込んだ後、香港では抗議したなんてことは大っぴらに言えなくなっているので、そういうあやふやな言い方をしたのだろうと解釈した。

いろいろな綺麗な傘があるのをぶらぶら歩いて見ていました。散歩という言葉を使うけど、散歩の意味はもっと深いものがあるんです。多くの若者たちが道で寝泊まりをしていました。

ステラ氏が補足する。

そんな夫妻が身をもって危険を感じたのが、2019年に浮上した犯罪容疑者の中国本土引き渡しを可能にする「逃亡犯条例」改定案だった。アンディ氏が言う。

2014年は何が原因で運動が起こったんだっけ？　僕らにとってみれば、もともとアンチ中国なので、そこまで身を切る話じゃなかったんです。でも2019年は、私たちの安全に直接かかわる強烈な話だった。居ても立ってもいられなくなって。

運動の進展に伴って、ステラ氏の考え方も変化してきた。

私は政治へ興味がないというより、関心がゼロの人間でした。香港人って基本的にそういう人たちですよ。

それが一変したのだった。彼女の家は、２０１９年7月21日に発生して当時ネットでも生中継された凄惨で血生臭い元朗《ユンロン》襲撃事件（香港鉄路（ＭＴＲ）元朗駅で白いＴシャツを着た集団が反政府デモ参加者や市民を襲撃）の現場から近かったことから、「数時間ずれていたら私たちも殴られていたかもしれない」と振り返る。

――２０１９年のデモもサポートしましたか？

しました。

ステラ氏がごく簡潔に答える。日本で話しているのに、具体的なデモの話となると口が重い。

――間接的なものですか?

僕は、ほとんどの香港人が直接参加したと言えると思う。

アンディ氏が答えると、それにステラ氏が割り込む。

何をもって直接と言えるの?

いや、街に出ることがイコール直接的な参加だったんだよ。資金的な援助もしたし、課金もしました。それが間接的な関与になるのかな。

――資金とは?

ステラ氏が続ける。

抗議活動に参加している若者たちに水などの物資を買ったり。私の周りの友達も、自分の体で参加できない人はそうやって参加していました。政府と関係する仕事をしていたり、仕事の関係上できない人たちです。

――２０１９年の出来事で記憶に特に残っているのは？

毎日のように人が死んだり、消えたりしました。

ステラ氏が答える。

――死んだとは？

あのとき、人がいろいろと死んだ。若い子が何でかわからないけど死んだんです。海に死体が浮かんだり。

アンディ氏がそう話すと、そのすぐ左に座るステラ氏がまた補足説明した。

あと、自分の体の上に政府への抗議を書いて飛び降りたりとかあったし、説明のつかない事件が起きたんです。

2人に聞いておかなければと事前に考えていたのが、香港と中国の関係や自己認識に関する質問だった。慎重に問うてみる。

――香港は中国の一部なんでしょうか？　例えば、ウィキペディアでは「中国の香港特別行政区」となっていますよね。

それは事実です。でも多くの香港人はそう考えようとしていない。まだ英国の影響を引きずっています。私たちの公用語も英語だし、文化も英国に根ざしているので。私たちと中国人の行動様式は違います。

アンディ氏がそう答えると、妻のステラ氏がわかりやすい比喩を使って補足説明する。

産みの親なんですよ、連中（中国）は。育ててくれた母が私たちを投げ捨てて帰っちゃったから。私たちはノーチョイスだし。もし選べるならいいけど。私たちは英国的な教育を受けてきたし、私自身は国家意識がないんです。

２人とも自分から「中国人」と自己紹介することはまずないと明言する。

一昨年エリザベス女王が亡くなったとき、それまでどう思っていたというわけではないが、私たちは悲しかったし、残念に思った。率直に哀悼《あいとう》の意を示した。中国の権力者が今生きていることに光栄感は感じないですね。

ステラ氏が言う。それを受け、アンディ氏が言う。

ポジティブな存在とネガティブな存在がはっきりしている。

自分たちの心の中の香港が「壊された」と感じる２人は、生活が心地よく、交通の便が良く、山や海に囲まれ、冬は寒すぎることもないこの街がお気に入りなのだそうだ。

ステラ氏は、福岡へ移住を決めた理由を明かしてくれた。

以前の美しかった香港のムードを持っているところが良かったんです。

中国を擁護する人々

中国政府に反旗を翻す人々や、前章に登場した中国政府と距離を置くリベラル派知識人は、私にとっては自由や民主主義といった価値観を共有できるという意味で理解しやすい。だが、近年日本へ渡ってくる人々の中には、そうした範疇に必ずしも収まらない考え方の人も含まれている。自分のコンフォートゾーンから外れて、あえてそういう中国人とも対話してみた。

「小粉紅《シャオフェンホン》」と言われる人々も日本にやってくるようになってきた。原義では「ピンクちゃん」という意味で、愛国的立場から中国政府のみならず、中国という国を擁護する若者を指す。ただ、小粉紅の中には、広告収入を狙ってアクセス数目的で「反日」を演じる人もいるとみられる。

2016年ごろに出現した流行語で、一説にはもともとは「晋江文学城《ジンジャンウェンシュエチョン》」というサイトに集まった耽美《たんび》小説ファンの少女たちが愛国主義者になったことに由来するとされる。

2023年12月には「小粉紅」が関与するトラブルが日本で起きて話題となった。在日中国人インフルエンサーの「油頭四六分《ユートウスーリウフェン》」が東京・東中野にある中華料理店「西太后」がウイルス対策を理由に「中国人や韓国人の入店禁止」との貼り紙を入り口に出したことに抗議したのだった。

この男性インフルエンサーは店内に押し入り、店長を罵る様子を自ら撮影し、抖音《ドウイン》で公開し、ネット上で大論争を巻き起こした。

「小粉紅」のロジックが知りたく、指定された港区のカフェで、周りから「小粉紅」と呼ばれる陳沁《チェンチン》（仮名、37才）に話を聞いた。

やや恰幅がよく、少しだけ威圧的な彼女は取材の冒頭で逆に私に質問してきた。

――あなたは自分の母親が好きですか？　愛していますか？

はい。

――愛しているのは、あなたの母親が愛しているからですか？　それとも、彼女が赤の他人だとしても、彼女がそういう人だから愛しているんですか？　彼女の人格が好きだから愛している？

必ずしもそういうわけではないですね。

——でも、あなたがその母親の子供だから、母親がどれだけひどくても、愛しているわけでしょう？　違いますか？

興味深いたとえですね。

「お母さんはときどき私の日記を盗み見るかもしれない。悪い習慣も持っているでしょう。世代が違うし、時代によって考え方が違うし、文化的背景も違うし、私たちの認識には違いが当然あるでしょう。でも、それは私が彼女を愛することに影響を与えません」

2018年に来日した陳沁氏にとっては、祖国が根拠なく批判されることが耐えられない。実際に、カラオケ店で高齢の日本人から自分が中国人というだけで難癖をつけられたことがあった。客観的でないと感じる中国批判には相手が中国人であっても逐一反論するそうだ。中国は少しずつ良くなってきているとの立場だ。

「粉紅という言葉が貶し言葉とも思いません」

彼女はそう言い張る。

「自分の国家を愛して何が悪いの？　あなたは自分の国家を愛しませんか？」

おもむろに、微信でハートマークを送り返してみてと言われたので、言葉に従うと、彼女の送ったハートマークと私が返したハートマークが融合して大きなハートマークが画面中央に出現し、破裂した。粉紅はその程度の素朴な感情ということらしい。

さらに主張が続く。

「もし私が『ヒロさん（私）、あなたは日本人だから悪い』って言ったら反論しませんか？　なんで悪いのか聞くでしょう？　私が『あなたが日本人で日本鬼子で小日本だから悪い』って言ったら変でしょう？」

ここで陳沁氏に改めて問うてみた。

――ここ数年、あなたの祖国は良くなってきていますか？

中国語で淡々と答えてくれた。

バブル経済は全ての国が経験します。米国も、日本も、そして多分中国も。発展サイクルがあって、上がりもすれば下りもする。だから私は、ピークなのか、ボトムなのか、今がどこに位置するのかわからないです。他の人から見れば長期的だけれど、私は短期的な経験しかしていないし。私の人生は短いでしょう。それがちょうど下降しているときかもしれないし、上昇しているときかもしれない。だから、私は客観的に良し悪しを言えない。

ただし、私の生まれた時期――私は1990年生まれなので、その時点から見れば、良くなっているとと言えるでしょう。父親の時代には、ご飯が食べられなかった。でも、今はもう食事を心配する必要がない。それから、昔は家の周りは農村のような道で、凸凹があり、小道しかなかったけれど、今は大きな道路ができている。物質的な面で言えば、確実に良くなっています。

小粉紅のような考え方が中国で主流になってきているのではと水を向けてみた。ちょうどそのころ、多くの人が中国の大手飲料メーカー、農夫山泉《ノンフーシャンチュアン》のミネラルウォーターを捨てる動画をアップしていた。「赤いキャップが日本国旗に見える」「ラベルに描かれている山が富士山みたい」と難癖をつけていたのだ。

「あれは小粉紅というよりは神経病《シェンジンビン》（精神疾患）ですね」と、彼女は一蹴した。

近年の中国における世論の変化について、元ジャーナリストの方可成《ファンコーチェン》香港中文大学助教授は、2013年にスタートした習近平政権1期目は、以前の延長という意味合いがあると同時に、ナショナリズムや個人崇拝といった独自色を出していく段階だったが、2018年以降に権力基盤を固めてから2021年にかけては、中国の愛国主義や排外主義が過去30～40年のスパンで最高潮に達したと分析する。

「2019年は建国70周年、2021年は共産党創立100周年で、宣伝機関がよく働きました。『愛しの母国』のような主旋律の映画が公開され、この数年は雰囲気が特に紅くなりました。他にも、２０１９年には香港のことがあり、中国内地の愛国ナショナリズムを刺激しました。『なんで香港人は我々より一階級上であるかのようにふるまうんだ』と。２０２１年には、欧米でコロナが大流行していたのとは対照的に、中国ではコロナ防疫がうまくいっていたのでさらにこうした空気感が強まった。ただ、２０２２年にはゼロコロナ政策が終わり、経済問題も浮上してきたため、希望が失われ、大きな失望状態に陥った」

小粉紅が台頭した背景には、このような中国世論の激変があったのだ。

中国を全否定する人々

小粉紅と対極にあると言ってもいいのが「支黒《チーヘイ》」と言われる人々だ。支那を黒くする、つまり中国共産党政権のみならず、中国や中国人そのものを否定的に捉えるイデオロギーだ。

本人は否定するものの、在日中国人コミュニティで「支黒」に分類されがちな首都圏在住の文文《ぶんぶん》氏に会った。彼の思想的背景や、彼が「潤」の人々をどう見ているのかに興味があった。約束の場所に現れた彼は想像していたような攻撃的なところは全くなく、むしろ物腰の柔らかい紳士だった。２０１２年に日本に留学してきた新華僑だ。30代とのことだが、顔つきは20代かと見紛うほどの童顔だった。

2017年、千葉県市川市の江戸川河口部で、食用にカキ採りをする中国人らが河川敷に大量のカキ殻を捨てて社会問題化した。このことに心を痛めた有志の在日中国人たちが、カキ殻の回収作業に動いた。文文氏もこのボランティアの一員だった。

——支黒という言葉をどう理解すればいいですか？

しばし考え込んだ後、文文氏が日本語で言葉を紡ぎはじめた。

インターネット限定の話だと思うんですね。思想の話なら、だいぶ前にもあるじゃない。魯迅《ろじん》。その作家の時代も同じじゃないの？　魯迅は中国人がダメだよって発言いっぱいしたじゃん。

——なるほど。

魯迅も（中国人の）国民性を批判しているんですよね。国民性変えないと中国救われないよって。

――先ほど私が「日本語すごくお上手ですね」とあなたに言ったとき、「でも、中国人と思われるのが嫌」と言ってました。どういう意味ですか？

普通嫌だと思うね。だって例えばね、街の中で誰かと喧嘩しているとき、「お前中国人か」って言われたら絶対嫌だと思うでしょ？

――中国人になったことがないんで、あまりわからないですけど。

差別される感じ。例えば、第2次世界大戦のとき、朝鮮人と日本人が同じく日本軍に入って一緒に戦っている。なのに、いきなり「お前朝鮮人か」と言われるような。

文文氏のXにおけるプロフィールには「蜘蛛分類専門家」と書かれている。ここでいう「蜘蛛《ジーヂュ》」とは嫌な中国人の意味なのだという。具体的には、留学生向けのテストで不正する人、健康保険証を販売している人、ビザの規定を守らない人、そういった日本社会に害をもたらす中国人のことなのだそうだ。

中国はナチスのような独裁体制になりつつあるとの見方を持つ。そのため、第2次世界大戦までナチスに対して宥和政策をとっていた英国やフランスが、今の世界情勢に重なって見えるのだという。中国に対してより強硬な政策が必要と考え、日本ではタカ派の高市早苗氏を支持している。

ひと昔前に来日し日本語も流暢な文文氏の目には新移民がどのように映っているのか。

1990年代とか2000年代とか、そのときの人は、日本に来たら「すごい！」「東京すごい！」っていう気持ちでいっぱいじゃないですか？　ただ、2015年以降に来てる留学生たちは、「別に上海とか北京とかと同じじゃない」という気持ちになっちゃうんですね。「日本とか大したことがない」っていう気持ちが強い。

――そういう人たちは自己中心的だったり、利己主義的に見えたりしますか？　新移民の到来で問題と思うことは？

日本に難民として来ているクルド人と違うんですね。問題にならないんですけど。ただ、いま中国から来ている新移民は自分がどんな立場で、自分がこれから何をするか、すごい迷ってる人がいっぱいいると思う。いま、すごい困っていると思います。お金は持ってるけど、「これから何をする？」「お金をどう使う？」っていうのは思うみたいですね。別に革命を起こすわけではないし、単純にいい生活をそのまま続けたい。だけど……。自分では日本語を勉強したくないわけではないんだけど、もう年取っているんですよね。日本語を身につけて、日本の主流社会に入っていくには遅いと思います。

文文氏に感想を伝えてみた。

――そうですね。孤立しているというか、自分たちのコミュニティを作って固まってしまいます。

最近移住してくる人の中には中国政府に不満を持つ人や、自分の親との関係が悪く精神的な問題を抱える留学生も少なくない。すごい決心して、中国で資産を売って引っ越してきた人は孤独を感じているんじゃないかな。

文文氏は、そう呟いた。

Akidの人生を辿って

これまでの「潤」の人々を訪ねる旅の中で、どのような中国新移民が日本にやってくるようになってきているのかがくっきりと輪郭を持って浮かび上がってきた。思想面では、リベラル派を含めて身の危険を感じて脱出してきた人もいるし、新たなタイプの愛国主義者もいる。また一部の旧移民の目には新移民が、機会主義者のようにも映る。

それでは、亡くなったAkidはどこに位置付けられるのだろう。そして、彼女にとって来日はどのような意味があったのだろうか。

日中両国に散らばる、彼女と親しかった友人たちに話を聞いて回った。

Akidは謎多き女性だ。実は、生年月日すらはっきりしていない。彼女は1985年11月7日生まれと主張していたが、身分証では1984年7月11日となっている。私が入手した2019年作成の彼女の履歴書によると、身長160センチで体重はわずか36キロ。地元貴州《きしゅう》省の高校を卒業した後、吉林大学で工学を専攻し、武漢大学の院では一転してメディア学を学んだ。両校とも名門で、専攻まで変えている彼女は「学覇《シュエバー》」（秀才）だ（友人談）。

友人らの証言によると、2009年に社会へ出てから、彼女は翻訳サイトの東西網や訳言網に勤めた。その他にも、書店チェーンの単向街、さらには熊也牛店という日本料理店で働いたこともあった。この間、基本的には北京に住んでいたが、一時期貴州省に帰省してドローン会社で勤務していた経歴を持つ。最後の数年はネットメディア大象公会で記者を務めていた。

中国在住の30代の男性、小雷《シャオレイ》（仮名）は、同年代そして、反政府的でリベラルな政治立場という共通点があったため、Akidとはまずネット上で意気投合し、その後はリアルで親交を深めた。２０１４年から２０１９年のコロナ前までは2週間に1回くらいの頻繁なペースで他の仲間も含めて会っていた。

「彼女は意思が非常にはっきりしていて、勇気があって、純粋でした。当時の私から見て、彼女の物事に対する見方や反対の仕方は正確で、揺るぎなかったです。彼女は『On the other hand（一方では）』という言い方を嫌っていました。私はAkidで、こういう意見を持っています、って感じで、往々にしてシャープな意見を持っていました」

そんな彼が知られざる逸話を披露してくれた。Akidがあの零八《リンバー》憲章に署名していたというのだ。零八憲章とは、２００８年に反政府的立場の知識人や人権活動家ら３０３人が独立した司法制度の実現や一党支配の終結などを訴えた声明で、瞬く間にネットで署名活動が広がった。

「第4回で彼女は署名したようです。その当時彼女は貴陽で署名したんです。第4回で北京だと誰も探しに来ないと思うんですが、貴陽全体で署名した人はそんなに多くなかったです。だから彼女はすぐに国保（公安局国内安全保衛隊）に見つかったんです。彼女は派出所に呼び出されて尋問されたようです。

そのときの彼女の作戦は可哀そうなくらいに泣くことでした。彼女は体が小さくて弱そうな感じですので。実際はすごく強くて独立した女性なんですけどね」

そのときは、それでことなきを得たようだ。いわゆる「被喝茶《ベイホーチャー》」（お茶を飲まされる、転じて公安に呼び出される）である。

彼女はそのサバサバした性格からか、男性の友人のほうが多かった。別の北京在住で国際業務に従事する中年男性の羅以師《ルオイーシー》（仮名）も彼女とは長い付き合いがあった。Twitter（現X）で相互フォローしたのは2009年で、実際に会ったのは2012年が初めてだったと記憶する。

「すごく頭のいい印象でした。そしてちょっと変わった感じがしました。彼女は鼓楼の近くに住んでいて俳優の周迅《チョウシュン》に似ていたので、『鼓楼の周迅』っていうあだ名があったんです」と懐かしむ。また、「自分から家族のことについて話すことはほとんどなく、父親を含む家族との関係が悪かった」と、後々になって知ったと言う。

2015年にAkidが北京に戻ってきたときには、か弱い彼女に代わって荷物を運ぶ手伝いもした。まもなくして、彼女が日本料理屋でマーケティング担当として勤務しはじめたのは、オーナーがオーストラリア人であったことと無関係でないと明かす。本人はオーストラリアへの移民も視野に入れていたらしいのだ。だが、２０１８年に会ったときには、もともと痩せ気味だった彼女が「少し恐ろしいほどに痩せていた」。Akidは、米国、日本以外にもモロッコにも渡航したことがあったと羅氏は証言する。

北京在住の著名中国人ジャーナリスト、周信《チョウシン》氏（仮名）が言う。

「彼女は一時期暗号資産をやっていました。ＦＩＲＥを実現したかったんです。早く中国から離れられるように」

周氏は、彼女に何度も食事を奢ったことがある。しかし、コロナ禍に突入してからは会いにくくなっていた。

「最後に会ったのは２０２１年だったと思います。そのときすごく痩せていて本当にびっくりしました。拒食症だったんだと思います。中華料理の店に誘ったんです。でも食べるのは早くないし、選んで食べているんですね。私はお腹が空いていても空いてなくてもすごくいっぱい食べるんですが、彼女はそうじゃなかった」

コロナ禍が移民の決断を全面的に加速させたと周氏は見る。

彼女の中国における最後の職場となった大象公会は２０２１年7月14日に突然取りつぶしとなった。内情をよく知る関係者は「政治的な理由で閉鎖に至った」と証言する。

中国在住の同メディア関係者が話す。

「いつも最後までオフィスにいるのが私と彼女でした。よく彼女に『どうしたの？』って聞いてました。彼女は不眠症だと言うんですね。『3時間も寝られない』って。重度の不安障害の可能性があった。食欲にまで影響が出て、脱毛にもなりかねない。彼女の声はよく響くので、声だけ聞けば健康そのものなのですが、あとよく笑いもしますし、活発だし。ただ、ものすごく痩せていた。彼女の状態は仕事にあまり適してなかったですが、彼女の性格が私は好きだったんです。

会社が閉鎖されるときに、ある人が大象公会のスタッフを受け入れてくれるって言ったんですが、彼女は紹介を断りました。『その会社の人たちは（私のことを）力も出せない怪物が来たと言うだろう』と自嘲していました」

Zoomの画面の向こうに映るこの関係者は苦悩の表情を見せながら言葉を絞り出した。

「1年半毎日一緒に仕事していたので、彼女は特に情熱的で、実に率直なタイプの人であることも知っています。彼女はとても楽しそうに見えました。少なくとも私が見る限り。彼女は細いロウソクのような人ですが、大きな光を放つ人です」

社内の会議では、忌憚なく時事問題を議論できた。録音されていて内容が流出すると実刑がくだりかねないような内容だ。彼女にとっては一番幸せな時間だったのではないかと彼は推測する。

「いまや中国は80年前の日本のようだ」と、彼は訴えてきた。

それから日本へ発つまでの1年ほどの間、Akidはずっと失業状態だったと見られる。そんな彼女をまた別の友人が支えていた。

「2022年3月に上海がロックダウンされ、それが3カ月続きました。そのとき、こんな状況があとどれだけ続くのかわかりませんでした」

彼女の親友、馮剛《フォンガン》（仮名）が説明する。確かに、その後北京でも社区を中心に部分的なロックダウンがポツポツと起きていた時期と重なる。

馮氏が語る。

「別の友人と1カ月に1〜2回くらいのペースで美団《メイトゥアン》（フードデリバリーアプリ）で牛乳とか卵とか栄養のある食べ物を彼女の家に送り届けていたんです。彼女は頑固なので多くの場合は受け取りませんでしたが。スナックのバラエティパックをジョークのように送ったりさえしました。突然、彼女の社区が封鎖されるのを心配したんです。

Akidは自由をとても愛する人です。彼女は私の知っている限り一度もPCR検査に協力しませんでした」

「健康コード」と名のついたウイルス感染に対する「安全度」を判定し表示する官製アプリの使用も拒否していたと証言する。

これは私が八王子で彼女と再会したときにも言っていたことだ。中国の厳しいゼロコロナ政策が突然解除されてからまだ3カ月で、日本でもようやくマスク着用なしで人と会うことが一般的になりつつあるタイミングだった。

向かいの正面にちょこんと座っている本人にどうだったか尋ねてみると、「北京は街そのものが監獄のようで、囚人になった気分がした」と話していた。48時間に1回PCR検査を受けないとバスや地下鉄に乗れないし、公園など公共の場に行く自由もない。

「政府によるデータの収集はプライバシー権の侵害だ」と、彼女らしく鋭く批判していた。

親友の馮氏はAkidの北京時代の住所を知っていた。

「鼓楼の胡同《フートン》（北京中心地の細い路地）にある家です。四合院《スーホーユエン》、中国国内だと平房《ピンファン》っていう、条件がそんなに良くない家です。古くて、大きくもないと思います」

馮氏らはTelegramのグループチャットでAkidと連絡を取り合っていた。2022年9月30日に彼女が発信した。

「身内の人たちへ　東京に着いたよ。あなたたちを待ってる」

馮氏はそのメッセージを見て涙を流した。

Akidが唯一日本行きをきちんと報告したのはこのグループだったようだ。他の知り合いは後に彼女が東京に来たことを知って一様に驚いた。馮氏によると、中国を離れる少し前からAkidは日本語を勉強しはじめていたそうだ。彼女は友人からお金を借りて日本にやってきたという噂が広まっていたが、肉親以上に彼女と近かったと見られる、馮氏のグループですら誰も貸した人はいなかった。馮氏は「友人からは借りていなかったと思う。あるとしたら金融機関でしょうか」と推し図る。

この数人で構成されるグループチャットは身内同士のような感じで、何を食べたかをお互いに報告するようなカジュアルなものだった。

「彼女が日本に来てから、実際にときどき日本での出来事や感じたこと、嬉しかったことや悲しかったことを共有することがありました。全体的には彼女は比較的幸せな状態にいると感じられましたが、最後の数カ月のTwitter（現X）やInstagramを見ると、状態がどんどん悪化していることがわかります。よく倒れたり、転んだりしていました。私たちは彼女のことをとても心配していて、きちんと健康診断を受けてほしいと思っていましたが、いつも『大丈夫』と言っていました」

私が最後にAkidに会ったあの日、彼女は、ゆくゆくは帰化して中国人の身分を捨てるのが目標とまで言っていた。

馮氏が続ける。

「日本における帰化の計画については、彼女が以前、私たちにも話していて、その発言が本当に心から嬉しそうであると感じられました。彼女のたくさんの自撮り写真を見ると、明らかにとても痩せているのがわかるときもありましたが、それでも彼女は自信を持って写真を投稿していました。普通の女の子ならそんなに痩せていると感じたら写真を投稿しないかもしれませんが、彼女は自分の美しさを信じていたのでしょう。私はその自信が日本での生活と深く関係していると感じています」

確かに、あの日彼女は、

「1日の食費は500円で、もやしばかり食べている」

と、あっけらかんと口にした。それでも彼女ははっきりと、

「日本のほうが幸せ」

と言っていた。それは本心に思えた。貧乏を恥じる様子は全くなかった。すっきりした顔で、清々しさすら感じた。

馮氏の参加するこの Telegram のグループチャットで彼女が何も投稿しない日々があった。それを不審に思ったグループのメンバーが彼女の身の安全を案じはじめ、2023年8月30日の大捜索につながったわけだ。

Akid の死は中国で格段の注目を集め、「日本に渡った末、餓死した」とセンセーショナルに報道された。ちょうど「福島で核汚染された処理水が放出される」と中国世論が沸騰していた時期で、彼女については、ほとんど取材なしで書かれたと思われる歪曲した報道が多かった。『東京新聞』は独自取材に基づき、Akid の死因は餓死ではなく低糖症だった可能性を報じた。実際彼女は死の前日に学校の廊下で転倒し、先生の勧めで病院へ行っており、「眩暈症《めまい》」と診断されていた。

そのことを、私はあるルートから入手した微信のチャット記録で確認した。

さらに、彼女が拒食症になったのは来日する前のことで、「潤」とは直接関係なかった。そして、中国では、彼女が日本で孤立無援だったと信じられているが、彼女の友人たちは、Akidに食べ物を送ったり、家具を譲ったりしていたのだ。何よりも、中国で喧伝されるのとは真逆で、彼女は日本での生活をむしろ楽しんでいた。

日本に「潤」してくる中国新移民は、資産の保全や、良好な教育、そして自由な空間を希求している。ほとんどお金がない状況で日本に逃げてきた彼女は、資産を守りたかったわけではもちろんない。家族と仲違いし、独身だった彼女はまた当然ながら、子供の教育とは無縁だった。

彼女が唯一どうしても手に入れたかったものが自由だった。他の知識人のように、日本政府に招聘されたことがあるわけでもなく、たった1人でやってきた。私が出会った「潤」の人々の多くは複合的な理由で来日していたが、彼女の理由は実にシンプルかつピュアなものだった。

英語が堪能で、頭のいい彼女のことだ。違う時代に生まれていたら、きっとジャーナリストとしてもっと活躍できただろう。現実には、給料の高くない民間メディアなどを転々とすることしかできなかった。

「小さい体の彼女は、多くの重いものを抱え込んでいた」とは前出の大象公会関係者の感慨だ。

彼女が北京で孤軍奮闘した十数年の間に中国世論は急速に沸騰していった。新たに出現した愛国世論のうねりの中で、移民は裏切り者という意識がより一層固定され、移民するのは愚かという考え方が広まった。

香港中文大学助教授の方可成氏がその心を読み解く。

「中国の発展はこんなに凄いのに、なんで移民しなきゃならないんだって。国外に行ってもつまらないし、差別されるかもしれません。なんで他の国に行って二級公民になるのか？　どうして中国でお金を稼がないのか？　2022年には『潤』が主流の考えになりました。そこで移民については、羨ましいというような感情も入ってきました。でも、実際に移民できるのは少数です。大多数の中国人はそれでも中国で生きていく。つまり、中国を離れるのは遠い話で、実現し得ないことです」

この過程で出現したのがいわゆる「ネット文革」だ。

「私は（以前は）記者として、ネット上では自分が尺度に気をつけて書き、一線を越えなければそれでよかったんです。でも、このルールが変わりました。内容に問題があるかどうかではなく、人民群衆があなたに問題があるかどうかを考え、問題があるとされるとあなたに帽子を被せるわけです。自分では自分を擁護できないのです」

方氏は、Akidを攻撃した人々について、横断的なつながりがあったと見る。「政府が主導したとは思えません。社会正義を守りたい人たちがやったのではないでしょうか」と分析する。

トランプ支持者でもあったAkidは中国のリベラル派界隈でも目立つ存在だった。政治感覚が極端で性格も少し奇抜だった彼女に対して死後中国で巻き起こった批判の嵐。それは「潤」という現象の背後にある中国主流意識の激変を映し出すまさに鏡のようだった。

数奇な人生を辿ったAkidにとって、中国を脱出することは他の誰よりも当たり前で、必然とすら言えるかもしれない。中国新移民との対話を続けつつ彼女の足跡をつぶさに追って、私はそう感じた。

お騒がせジャーナリストと対峙

一連の取材の総仕上げとして、最後の最後に、何かと論争を呼んでいる在日ジャーナリストの王志安《ワンジーアン》氏を訪ねた。日本では、『文藝春秋』誌上で「中国の池上彰」として紹介されたことでも知られる。

王氏は、１９８９年の天安門事件に至る過程で、当時住んでいた武漢のみならず北京でもデモに加わったという。北京大学で中国近現代史を学び修士号を取得した後、国営の中国中央テレビ（ＣＣＴＶ）で長年勤務した。ＣＣＴＶを選んだのは「影響力が大きかった」から。当初はニュース評論部の所属で、後には「新聞調査《シンウェンディアオチャー》」の調査記者などを歴任した。

あだ名は「王局《ワンジュー》」。姓の「王」と「中国戦略挑逗局長《ティアオドウ》」（挑逗は揶揄の意）の略を組み合わせたものだ。話し方が「陰陽怪気《インヤングアイチー》」（率直でなくていかがわしい、持って回った話し方をして本音がどこにあるかわからない）ために半分冗談でそう名乗るようになったと、ある夕刻、都内にある騒がしいカフェの一角で王志安氏は私に説明した。

自由な言論空間が縮小していく中で、彼が中国国内でできることはどんどん少なくなっていった。CCTVを辞めた王氏は2017年に『新京報』に移り、動画メディア番組「局面」を制作しはじめたが、まもなくして番組が中止になった。

「私の動画は視聴回数が1億回に上っていました」と、王氏は胸をはる。一時は微博で600万人超のフォロワーを誇るほどの影響力を持っていた。だが、そのアカウントも2019年6月4日に閉鎖の憂き目にあった。

その後2019年10月に来日し、コロナウイルスが蔓延する中で、この国に定住する道を選んだ。

王氏は、Xで120万人超（2024年10月現在）のフォロワーを持ち、月数百ドルの収入があるが、主な収入源はYouTubeで、そちらに注力している。2022年5月に開設したYouTubeチャンネル「王局拍案《ワンジューパイアン》」では主に社会問題を解説・論評し、登録者数は160万人に達している（2024年10月現在）。拍案とは中国語で、感情を露わにして机を叩くという意味だ。まさに彼にぴったりなチャンネル名である。

「毎日平均で10～12時間働いています。いつも朝9時に働きはじめ、お昼は1時間散歩し、午後4時か5時には番組を収録し、夜は番組を見て、その後9時から夜中12時までまた働きます」

メディア界に長くいたことで残業には慣れっこなのだろう、テーブル席の向こうに座る王氏は、はつらつそうに見える。気づくと、彼はいつの間にか注文したエビカツサンドを平らげていた。

その王氏は、２０２４年1月に総統選キャンペーン中の台湾に赴きトラブルを起こした。観光目的の入出境許可証で訪台したのに、インターネット番組に出演したことが問題視され、台湾の内政部移民署が許可を取り消すとともに、今後5年間は観光目的での入出境を許可しないと発表する事態に発展した。番組出演時に、立法委員選挙に民進党から出馬した身体障害者の候補、陳俊翰《チエンチユンハン》氏について「同情票を集めている」と述べたうえ、同氏の話し方や動作をまねたりしたことで大きな批判が巻き起こっていたところだった。

王氏は台湾当局の処分に反発し、台湾へ入国できなくなるなら受け入れるが、日本に帰化するつもりで、その場合は入国させることに躊躇《ちゆうちよ》するのかと、逆に挑発ともとれる態度をとった。実際、インタビューに応じた王氏は、「今年（２０２４年）の10月に理論上は帰化申請できます」と、帰化へ向けて手続きを進める可能性を示唆した。

――多くの人があなたに注目していますね。なぜ成功しているんだと思いますか？

技巧は二次的なものだと思います。最初の月の登録者数は20万くらいでした。中国で仕事を蓄積してきた人気と関係あるんでしょう。主な理由は、過去の中国語情報のクオリティが低すぎたことにあると思います。

王氏はいつものように右手を激しく動かしたり、指で天を指したりしながら、澱《よど》みなく雄弁に答えはじめた。とにかく歯切れがいい。こういうところが視聴者にとっては魅力的に映るのだろう。事前に予習のために見たYouTube動画で、王氏は初めに決まって原稿を机で「トントン」と揃えてから話し出していた。アングルやスタジオの背景なども、さすがプロの作りという感じがしていた。王氏に近い関係者は、彼のことを「自己演出がすごく上手」と感嘆していた。

王氏によると、中国では報道機関へのコントロールが年々強まり、かといって海外にある反共の法輪功系のメディアは「反共で、感情的で理性的ではない形で、低レベルなやり方で共産党を穢《けが》れた悪のように描く」など、デマを飛ばすことに頼ってきた。そんな中で、王氏は新たなマーケットを見つけたと言える。

中共には反対ですが反中ではない。この民族に反対する必要はないでしょう。このような立場は穏健です。

２０２０年に中国で母親が亡くなったが、コロナの水際対策が厳しくて帰国ができなかったという。２０２１年に一度だけ帰国し、そのときに国内に残る資産を処分した。

――中国に帰るつもりはない？

もちろん。どこにも行けません。香港へ行く勇気もないです。怖くてベトナムやカンボジアへも行きません。あの辺りの警察は中国へ直接連れ去るので。パスポートを持っているのは負担です。中国籍だと、私は中国人ということで、中国の国安は日々私の家族を見張ってますから。

王氏に対しては「大外宣《ダーワイシュアン》」（対外的大プロパガンダ）というラベル付けをする人が一定数いる。本人の国営メディア出身という経歴や、決してリベラルとは言えない独自の政治的立ち位置が憶測を呼ぶ。大外宣は２００９年から始まり、中国政府が巨額の予算を捻出しているとされる。一般に海外で、中国が強大でどれだけいいかを宣伝し、中国の国際的イメージを高める目的があると言われる。彼をインタビューするにあたっては、まずは問答から彼の思想を浮き彫りにすることを念頭においた。

――ここ数年の中国政治の変化をどう見ますか？

もちろん悪化してますよ。習氏は中共が改革開放以来作ってきた指導者の任期制を破壊しました……。過去10年間、これは習近平による悪化と後退です。いくら言っても過言ではないと思います。そして正直に言うと、今後10年間も見通しが立ちません。良くなるのか悪くなるのかもわからない。なぜなら、習氏自身の考えがわからないからです。終身制になってしまったら、完全に彼に依存することになります。今、党内に反対勢力も見当たりません。全ては彼の一念で、規則がどう定まるか、次期中央指導者がどう選出されるか全く不確定です。

――あなたにとって民主主義とは何ですか？

手段です。民主主義が目的だとは思わないです。憲政こそが目的だと考えています。つまり、自由が必要です。社会は全ての人の自由を保障しなければならないからです。

これが最も重要だと思います。選挙の形式については、正直言ってあまり気にしていません。例えば、かつての香港は実際には民主主義があまりありませんでした。主に植民地でしたが、英国支配下の香港は非常に自由であり、英国の法制度が導入されていました。私はこれについては受容することができます。

——台湾の独立に反対ですか？

私の考えはこうです。まず第一に、戦争をしたくないです。なぜなら、戦争は台湾社会にとって破壊的だからです。そうでしょう？　独立か統一かについては、それは歴史的な問題だと思います。どちらの選択肢を取るにしても、戦争で解決することはあってはならないと思います。

私の質問に正面からは答えなかった。

大外宣の話題に触れると、王氏の語気が明らかに強まり感情的になりはじめ、王氏を大外宣とみなす日本在住のリベラル派中国人への大批判が始まった。

なぜ、私が彼らに反論する必要があるのでしょうか？　私は反論する必要はありません。なぜなら、私の番組をエピソードごとに真剣に見ていただければ、自然に私たちの内容を理解していただけるからです。（中略）なぜ彼らとネット上で口論しなければならないのでしょう？　ネット上での口論には意味がないです。私が大外宣でないと言って説得できますか？

――そうですね。あなたからそうでないと証明するのは難しいです。

念には念をということで、もう一度だけ聞いてみた。

――ということは、あなたは大外宣ではない？

私ですか。どうでもいいです。あなたが私を大外宣と思おうが、気にしません。

このタイミングで、私は別の話題を切り出した。彼の態度がまた変わって、こちらの言葉をより注意深く傾聴する姿勢になっていった。最初に当たりさわりのない話をして、徐々に核心を突く質問をするのはジャーナリストのイロハだ。この質問で彼と対決する心の準備はできていたので、あえて最後に持ってきた。

——去年、日本にやってきた留学生が亡くなりました。あの件についてどう思いますか。

あの件については、当時番組を作りました。彼女は確か拒食症だったと思います。あの件については学校側に責任があると思います。（中略）どうして病院に送らなかったんでしょうか。

これは全く的外れな批判だ。Akidが学校の廊下で転んだあの日、中国人職員が彼女に病院に行くよう勧め、丁寧に微信でフォローアップをしている。

——彼女が病院に行ったことを私は知っています……。あなたは彼女の同級生に取材をしたみたいですね。動画の中で言ってましたね。「周りから支援を受け取ってなかったようだ」って。

そんなに支援は多くなかった。客観的に言って、彼女は日本語が上手じゃなかった。彼女は日本社会の支援システムがどこにあるかわからなかった。どこに行けば無料で食べ物をもらえるとかね。

——私は彼女の友人です。周辺には友人が多くいました。そして彼女に物資を送ったりしてたんですよ。あなたは何人かに取材した。努力をした。でもあなたがXで書いた言葉、そして動画を見て、あなたが言っていることは全体像をつかんでいないと思いました。

彼はAkidについてアップロードしたYouTube動画の中で、暗号資産への投資に警鐘を鳴らしていた。Xでもこう綴っている。

王さんとは面識がなく、交わりもありませんでした。彼女の死は、貧困に陥ったことが大きな原因だと思います。そして、その貧困に陥った原因は、おそらく暗号資産の投機にあったようです。（中略）大多数の普通の人々にとっては、仕事を見つけて、堅実にお金を稼ぎ、職業を通じて少しずつ収入を増やし、生活を改善していくことが、深淵に落ちないための最も安全な生き方です。

これにも違和感をぬぐえない。彼女はとにかく中国政府からの自由を求めていた。失業や貧困、暗号資産はそこから派生した問題と言ったほうが正確だろう。

私の指摘を受け、王氏の目には少しばかり驚きの色が浮かんでいた。このときばかりは反論などせずに少ししおらしくなっているように見えた。

完全ではなかった。そうです。私は彼女の最も近くの人たちを取材したわけではないので。

王氏は、自身が語るというスタイルの番組なので、インタビューを徹底的にしなくてもいいとの立場だ。

今は週に1回の番組ですが、当初は週に5回でした。考えてみてください、どうやってそんなことが可能でしょうか？　もしあなたの言うスタンダードに従うなら、私は1カ月に1回の番組しか作れないかもしれませんよね？　その1回の番組は完璧かもしれませんが、現在の社会的な影響力を形成できないでしょう。これは取捨選択の問題です。

もはやインタビューの範疇ではない、同業者同士の対話だ。今回のインタビューほど事前にどう進めるか考えあぐねたものはなかった。はっきり言ってしまえば、この人を許すことはできないと思っていた。

私は向かいに座る王氏に慎重に言葉を選んで投げつけた。

——当時、あなたのコメントを読んで気分が悪くなりました。一人の死に関して、尊厳を持つべきです。

エピローグ

2023年11月2日朝　東京都八王子市

「責任感とはなんだろう」

喪服を着た私は、最寄駅から八王子市斎場へ向かうなだらかな上り坂を上りながら、そんなことを考えていた。そういえば、小学生のときに通信簿に「責任感がある」と書かれていたなどと思い出しつつ。

とうてい秋と思えないほど異常に暖かく、雲がかすかに広がる心地よい朝だ。遠くに薄く月が浮かんでいる。小鳥が囀《さえず》っていた。

Akidの訃報を受けて、彼女の生前の友人40人近くが参加する微信チャットグループでは、遺体を自分たちで引き取るための議論が毎日、侃侃諤諤《かんかんがくがく》と続いた。

彼女の唯一の肉親で仲違いしていたという貴州《きしゅう》省貴陽《きよう》市在住の父は、当初私たちの委任状にサインしてくれたものの、中国側の報道に接してだろうか、はたまた政府の圧力を受けてか、一転して態度を硬化させた。

さらに、在日中国大使館が委任状だけでは不十分で別途公正証書が必要と言い出したため、私が担当した地元警察との交渉は難航を極め、結末が見通せない状況が2カ月近く続いた。

最終的には、火葬後に八王子市へ遺骨が移管される段取りになってしまったのだった。Akidを救えなかったこと、中国で大事になってしまったことに加えて、自分たちの手で納骨するという計画が失敗したことが前日まで、私の気持ちを重くしていた。

だが、斎場に近づくにつれて、ずっと遺体を置いておいて申し訳なかったという思いが去来すると同時に、ようやく会えるんだという安堵感も湧き上がってきた。

駆けつけた彼女の知人の中には、ネット上の有名人が多くを占めていた。全くの初対面の人も何人かおり、静岡からわざわざ駆けつけたファンもいた。オンラインでつながった人も多く、彼女の人間関係の特異さを示していた。

他の参列者に挨拶をしているうちに、霊柩車から木棺がホールへと搬入される時刻になった。

彼女の体格を連想させるような小さな造りだ。

年配の女性係員が、棺桶の小窓上の2本の紐を綺麗に揃えた。悲壮感はそこまでなく、ただただ荘厳な雰囲気が漂う。Akidの前に送り出された亡骸に対しては僧侶が読経していたが、彼女の場合は無縁仏扱いなのでそのような待遇はない。我々は八王子市役所の配慮のおかげで、特別に直接お別れを言うことを許されたのだった。

小窓が開いた。

しかし、彼女の顔は見えないようになっていた。死後2カ月以上経っているからだろう。

私は、前日に神保町にあるお気に入りの広東料理店「粤港美食《えつこうびしょく》」で買っておいた焼鴨、そしてカラフルな花束を棺桶の中に入れた。

ちゃんとしたお別れらしい儀式も何もなく、余韻に浸る暇は皆無。

焼香のときに、「ごめんなさい。忘れません」と心の中で唱えた。

さきほどの係員が小窓を閉め、頭を深く下げた後、機械に載せられたその棺桶が「ギィー」という音を立てながら持ち上げられ、3番の火葬室に滑り込んで行った。

待っている間に、参列していた学校の校長から、

「王さんとの進路相談で、『大学でジャーナリズムをやりたい。ジャーナリストになりたい』と言っていた」

との話を耳にした。人は他人を知っているつもりでも本当のところは100%知ることは不可能だとつくづく実感した。

Akidが2023年のゴールデンウィークごろ、先生にお世話になった際には、彼女がお返しにカーディガンをプレゼントしたとのエピソードも教えてもらった。彼女にはやはり妙に律儀なところがあった。

1時間ほどして、納骨の準備ができたと館内アナウンスがあった。階下へ向かい、案内された部屋に入ると、やや離れたところに置かれた頭部とは別に、さまざまな部位の骨が一緒になって部屋の中央に置かれていた。

それはとにかく真っ白だった。

いかにも「遺体」という形状ではないので、恐れていたような衝撃はなかった。「こちらが顎で……」などと先ほどの女性が、部位ごとにハキハキとした口調で説明する。我々がペアになって拾骨した後、その女性は、名残り惜しむかのように、一時保管用の入れ物の

中で粉となったAkidを刷毛を使って最後まで丁重に壺の中に収めた。

参列したある中国人女性は、日本式の繊細さに感銘を受けた様子だった。

「中国の火葬はもっと粗暴で、焼いた後は人間の形をしていましたよ」

不思議なもので、人は人間の形でなくなるときにこそ、本当にその人が人だったんだと深く気付かされる。そう思った。

生身の中国新移民に向き合うこと

日本では近年、「中国=悪い」というイメージがもはや定着している。もうあんな国のことは考えたくもないし、耳にしたくもない。ムード的には、嫌いを超えて、もはや無関心になっていると言えるだろう。

2022年秋、東京の白紙運動集会を見に行った夜に、お世話になっている編集者から、これからは「潤」が大きなテーマになると言われた。

その言葉が頭の片隅にあった私が、取材を進めていく上で日本で最初にアプローチしたのがAkidだ。

彼女はいつものように返事ひとつで会ってくれた。彼女がそのときに紹介してくれた「潤」の人たちが、私がのちに取材範囲を広げていく上で陰に陽に私を後押ししてくれた。

彼女こそがまさに原点だった。

突然やってきた彼女の死、そして火葬に至るまで東奔西走する日々の中で、私という個体の全関心が否応なく中国へと向かった。強烈な好奇心に突き動かされるようにして、来る日も来る日もとにかく中国人に会いまくった。

そう、彼女は死んだ後でも、私を突き動かす原動力となった。私が失いかけていた中国に対する関心はこれまでになく高まっていった。

悪化を続ける受験戦争を避け良質な教育を求めてくる一家、

割安なタワマンなどを通じて資産保全を図る中年層、

毒された情報空間から抜け出し自由な言論空間を享受したい知識人、

行きすぎた愛国主義を恐れるうちに安心安全なリタイア生活を過ごしたいと思うに至った経営者……。

そうした人々に共通するのは抑圧から逃げる姿勢だ。

それは、1933年に誕生したナチス政権の手を逃れ米国へ渡ったユダヤ人たちの例を引くまでもなく、自由を希求する人類共通の摂理だ。

「潤」の人々とどう向き合っていくべきだろうか。

日本では多くの人々が気付かぬうちに、新移民はすでに教育、不動産、ビジネスなど多くの分野でインパクトを与えつつある。こうした人々の出現が与える影響は今後より可視化され、いつかは日本が日本をどう再定義するのかが問われる事態すら想定される。

長期的に見ると、経済エリートや政治エリートが誕生する事態も想定しておかなければならないかもしれない。以前のような単純労働者ではなく、本当の意味での高度人材を含む影響力のある中国人の流入は、行き当たりばったりの日本の移民政策を再考させるきっかけともなりそうだ。

日本への「潤」は、歴史的にどのように捉えることができるだろうか。

日本における中国人の受け入れという観点からすると、江戸時代、唐人屋敷が中国人の居住地域として指定されていた。だが、幕末維新の時期に中国から移民がさらに来るようになると、こうした人々の管轄権を確定する必要もあり、日本側が急ぐ形で日清修好条規を結ぶことになった。だが、この結果、日本側は在日華人の取り締まりに苦労することになった。またその後、日本政府は、清朝との関係上、革命派中国人との距離のとり方にも苦慮した。

こうした日中の歴史が暗示するのは、これからの両国関係の行方や「潤」の人々の政治志向によっては、一筋縄ではない諸問題が浮上してくる可能性だ。「潤」は日本に現れた「もう1つの新しい中国」とも言える。それは果たして福音か凶報か、とにもかくにも日中新時代の幕開けである。

「潤」はまた、世界の潮流の中で理解しなければならない。あと数十年は続くかもしれない米中新冷戦のさなか、世界はブロック化の兆しを見せつつある。その中で、ちょうど両ブロックの境目に位置する日本海や東シナ海を超えて中国新移民たちが日本へ渡ってきているのだ。その最前線では、「経済安保」や「抑止力強化」といったお題目だけでは対応しきれない、リアルな現象の数々が肌感覚を持って広がっていた。

一方、中国に目を転ずると、習近平体制が続く限り、「潤」は加速するだろう。中国ではすでに人口が減少に転じており、高齢化対策は焦眉の課題となっている。そんな中で多額の資産を持つような有能な人々が流出し続けていることは、これからボディブローのように効いてくるに違いない。

一連の取材の中では、正直言ってあまり仲良くなりたくないタイプの中国人もいたし、取材の便宜上付き合っていた中国人もいた。一方で、中にはすっかり意気投合して友達になった中国人もいる。そして、日本では滅多に見かけないような目の澄んだ人にも出会った。

彼ら彼女らは、決して統計上の数字ではなく、心を持った生身の人間だ。どういう対応を取っていくにせよ、まずは現状把握が不可欠なのではないだろうか。私の拾い集めた声の数々が、少しでも考えるヒントになると幸いだ。

結局、Akidのために日本で建墓《けんぼ》する構想が現実になることはなかった。それでも、2年後には彼女の遺骨は八王子市内の寺院に移管され、そのさらに2年後には山梨の湖畔にある霊園で埋葬される予定となっている。どの国の誰がなんと言おうと、安住の地を求めて逃げるようにしてやってきた彼女は、そのときに日本の国土の一部になる。

彼女の忌み嫌った祖国を遠く離れて――。

【著者紹介】
舛友雄大（ますとも　たけひろ）
中国・東南アジア専門ジャーナリスト。1985年福岡県生まれ。カリフォルニア大学国際関係修士。2010年中国の経済メディアに入社後、日本を中心に国際報道を担当。2014年から2016年までシンガポール国立大学で研究員。2022年よりNHKラジオのニュース番組「マイあさ！」でアジア情勢の解説を担当。2023年にはポッドキャスト番組「Asia Frontline」を始動。寄稿媒体は、東洋経済オンライン、西日本新聞、NewsPicks、Nikkei Asia、The Japan Times、South China Morning Post、The Straits Times、The Jakarta Post、Kompas、Tempoなど。アジアの現在を、日本語、英語、中国語、インドネシア語の4カ国語で発信中。本書が初の著書。

潤日（ルンリィー）
日本へ大脱出する中国人富裕層を追う

2025年2月4日　第1刷発行
2025年7月8日　第6刷発行

著　者――舛友雄大
発行者――山田徹也
発行所――東洋経済新報社
〒103-8345　東京都中央区日本橋本石町 1-2-1
電話＝東洋経済コールセンター　03(6386)1040
https://toyokeizai.net/

装　丁………井上新八
ＤＴＰ………キャップス
製　版………朝日メディアインターナショナル
印　刷………TOPPANクロレ
編集担当……水野一誠
 Printed in Japan　ISBN 978-4-492-22424-3